Reiseführer Natur Florida

Dr. Gunnar Rehfeldt

Reiseführer Natur
Florida

Zum Geleit

Reiseführer Natur – eine Chance für den sanften Tourismus ?

Dem Massentourismus ist sehr viel Natur zum Opfer gefallen. Der Versuch, den Ballungsräumen in eine »intakte Natur« für die kostbaren Wochen des Jahres zu entfliehen, mißlang. Denn der Ruhe und Naturgenuß suchende Mensch wurde im Touristikboom schnell wieder in die Massen einbezogen. Der Massentourismus wälzte sich, da er fortlaufend seine eigenen Existenzgrundlagen zerstört, bis in die letzten Winkel der Erde. Mit größter Sorge betrachten Naturschützer in aller Welt diese Entwicklung.

So wurde der Tourismus als nicht natur- und umweltverträglich gebrandmarkt. Nicht ganz zu Recht! Denn nicht wenige der unersetzlichen Naturreservate der Welt konnten gerade wegen des Tourismus gesichert werden, der manchen Staaten mehr harte Währung einbringt als eine Umwidmung dieser Flächen zu anderen Formen der Nutzung. Durch gezielte Lenkung des Besucherstromes ist es möglich, die Schäden gering zu halten, aber großen Nutzen zu bewirken.

In Afrika und in Südostasien gelingt es offenbar besser, Naturreservate zu erhalten als in Mitteleuropa. Es fehlt aber an Information und an Personal, das die Schutzgebiete überwacht, Besucher betreut und für die Erhaltung der Natur wie für die Einhaltung der Schutzbestimmungen sorgt, den Besucherstrom also sinnvoll lenkt. So bleibt der Naturfreund auf sich allein gestellt, wenn er Natur erleben will, ohne sie zu zerstören.

Die Serie »Reiseführer Natur« will Naturfreunden helfen, sich schöne Landschaften mit einem reichhaltigen oder einzigartigen Tier- und Pflanzenleben auf eine »umweltverträgliche« Art zu erschließen. Ein Tourismus, der auf Information aufbaut und dessen Ziel die Sicherung der Naturschönheiten ist, wird vielleicht eine Wende zu ihrem wirklich nachhaltigen Erhalt bringen. Unberührte Natur, naturnahe Landschaften und frei lebende Tiere und Pflanzen haben ihren besonderen Wert. Aber er wird nicht zum Nulltarif auf Dauer zu erhalten sein.

DR. EINHARD BEZZEL
PROF. DR. JOSEF H. REICHHOLF

Inhalt

Tiere und Pflanzen 77

Nützliche Reiseinformationen 111

Anhang 116

▽ Ein Besuch des **Everglades National Parks** (s. S. 31), eines der berühmtesten Schutzgebiete der USA, ist ein Muss für jeden Naturliebhaber.

△ Im **Corkscrew Swamp Sanctuary** (s. S. 39) brüten Waldstörche in urwaldartigen Sumpfzypressen-Wäldern.

△ Im Quellablauf des **Homosassa River** (s. S. 50) bietet ein Unterwasserhaus einen eindrucksvollen Blick auf Seekühe und glitzernde Fischschwärme.

△ Die Strände von **Sanibel Island** (s. S. 40) zählen unter Muschelsammlern zu den berühmtesten der Welt.

△ Die riesigen, warmen Quellen, Seen und Wasserläufe des **Ocala National Forest** (s. S. 57) sind die Heimat zahlreicher Alligatoren.

◁ In den malerischen Sumpfzypressenwälder des **Okefenokee Swamp** (s. S. 64) kann man Alligatoren, Schildkröten und zahllose Wasservögel wie Blaureiher beobachten.

▽ In den Mooren und reizvollen Wäldern des **Blackwater River State Parks** (s. S. 76) gedeihen insektenfangende-Schlauchpflanzen.

△ Blendend weiße, unberührte Strände und Dünen erstrecken sich auf der **St. George Island** (s. S. 72).

△ Im **John Pennekamp Coral Reef State Park** (s. S. 23) beeindruckt auf Boots- und Schnorcheltouren die farbenprächtige Vielfalt der Fische an einem der nördlichsten Korallenriffe der USA.

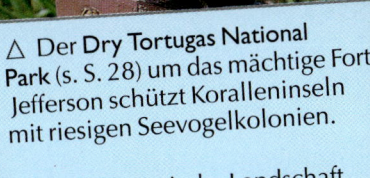

△ **Wakulla Springs** (s. S. 69), eine der tiefsten Süßwasserquellen der Welt, fasziniert durch urwaldartige Vegetation.

△ Der **Dry Tortugas National Park** (s. S. 28) um das mächtige Fort Jefferson schützt Koralleninseln mit riesigen Seevogelkolonien.

◁ Die subtropische Landschaft und die Strände des **Canaveral National Seashore/Merritt Island** (s. S. 52) ziehen Vogelbeobachter und Badegäste gleichermaßen an.

Einführung

Amerikas subtropische Sonnenhalbinsel

Das warme, sonnige Klima Floridas lockt alljährlich Millionen von Touristen an. Der Sunshine State mit unzähligen Hotelanlagen und großartigen Stränden, riesigen Vergnügungskomplexen und dem Weltraumbahnhof Cape Canaveral hat sich zum meistbesuchten Ferienparadies Amerikas entwickelt. Auch die immense Vielfalt an Lebensräumen und Naturschönheiten zwischen dem gemäßigten Norden und der tropisch-karibischen Südspitze der Halbinsel hat zu der Beliebtheit Floridas als Reiseziel beigetragen.

Nirgendwo sonst im Osten der Vereinigten Staaten wandern Seekühe die Küsten entlang und streifen die letzten Pumas durch ausgedehnte Sumpfgebiete. Jeder hat von den subtropischen, riesigen Everglades an der Südspitze der Halbinsel gehört, dem »Meer« aus Gras, in dem die Vielfalt an Tieren- und Pflanzenarten ihresgleichen sucht. Die einzigen Korallenriffe Nordamerikas liegen vor den Florida Keys. Romantische Flüsse werden von Süßwasserquellen gespeist, die zu den größten der Welt gehören. Einige der schönsten Strände der USA mit staubfeinem, blendend weißem Sand locken in den Nordwesten Floridas. In vielen Bereichen ist das rasante Wachstum von Siedlungen und Ferienanlagen kritisch geworden. Hoffnung bereitet jedoch, dass in den letzten Jahren der Bundesstaat Florida und viele private Organisationen durch Aufklärung, umfangreiche Landkäufe und durch Wiederherstellung einst veränderter Landschaften dieser Entwicklung entgegensteuern. Über 200 Naturreservate und zahlreiche Informationszentren vermitteln dem Besucher einen Eindruck davon, wie Florida ausgesehen haben mag, bevor es die Weißen in Besitz nahmen. In den Gegensätzen auf engem Raum liegt der besondere Reiz des Ferienparadieses: ultramoderne Unterhaltungsparks und herrliche Korallenriffe, Space Shuttles und subtropische Sumpfwildnis, riesige Waldgebiete und Palmenstrände mit einem Hauch Karibik.

Lage, Grenzen, Größe

Florida ist der südlichste Bundesstaat der kontinentalen USA mit einer Fläche von etwa 152 000 km^2. Die Halbinsel liegt zwischen 25° bis 30° nördlicher Breite, ungefähr auf der Höhe der Kanarischen Inseln. Keine Ortschaft ist mehr als 100 km vom Meer entfernt. Im Westen erstreckt sich der Golf von Mexiko, im Süden die Florida Bay und im Osten der Atlantische Ozean. Es sind nur 150 km bis Kuba und etwa 100 km bis zu den Bahamas im Atlantik. Im Norden grenzen die Bundesstaaten Alabama und Georgia an. Die Distanz zwischen Pensacola im äußersten Nordwesten und Key West an der Südspitze beträgt ungefähr 1300 km.

Geschichte

Bereits während der letzten Eiszeit, lange bevor die ersten Menschen Florida erreichten, war die Halbinsel von Mammuts, Säbelzahntigern, Riesenfaultieren und Mastodonten, aber auch Alligatoren bevölkert,

◁ Braunpelikane am Indian River.

die sich aus dem vereisten Norden des Kontinents nach Süden zurückgezogen hatten. Bei der Erforschung der verzweigten Kalksteinhöhlen im Norden Floridas und dem Abbau phosphathaltigen Gesteins östlich von Tampa werden immer wieder Überreste von Skeletten prähistorischer Tiere ans Tageslicht gefördert.

Um 5 000 v. Chr. gründeten Indianer in Florida dauerhafte Siedlungen. Die großen Muschelhaufen (»Indian mounds«), die sie hinterließen, sind wahre Fundgruben für Archäologen. Etwa um 1 000 v. Chr. mit der Einführung eines einfachen Ackerbaus wurde allmählich das gesamte Gebiet Floridas besiedelt. Die imposanten Begräbnishügel aus dieser Zeit zeugen von verbesserten Lebensbedingungen. Es bildeten sich verschiedene Stämme heraus, darunter im Nordwesten die Apalachee, im Norden bis zum heutigen Cape Canaveral die Timucuan, um den Lake Okeechobee und im Südwesten siedelten die Calusa und im Bereich des heutigen Miami der Stamm der Tequesta.

Der Italiener Giovanni Cabotto kartographierte um 1500 als erster Europäer im Auftrage des englischen Königs Heinrich VII.

Indianische Muschelhügel

Die Ureinwohner Floridas ernährten sich an den Küsten vorwiegend von Fischen, Muscheln und Schnecken. Die leeren Schalen der Weichtiere wurden ab etwa 5000 v. Chr. zu Hügeln aufgehäuft, die als Plattformen für Zeremonien, die Hütten der Häuptlinge oder als Gräber dienten. Muschelschalen, Knochen, Sämereien und Tonscherben sind vielfach die einzigen Überreste, die Auskunft über die Lebensweise der untergegangenen Indianerstämme geben, z. B. der Timucuan im Nordosten und der Calusa im Südwesten. In mehreren Schutzgebieten kann man solche Hügel besichtigen.

Muschelhügel im Lower Suwannee National Wildlife Refuge.

das Cape Florida. Der Spanier Ponce de León gelangte am 2. April 1513 an Floridas Nordostküste. Er umsegelte die Florida Keys und traf in der Nähe des heutigen Charlotte Harbor erstmals auf Indianer. Die folgenden Expeditionen und Siedlungsgründungen der Spanier bis 1559 scheiterten aufgrund von Indianerangriffen und der undurchdringlichen Sümpfe.

1562 landete der Franzose Jean Ribault am St. John's River und errichtete das Fort Carolina. Die Spanier, die ihre Goldflotte bedroht sahen, gründeten daraufhin 1565 St. Augustine, die älteste feste und dauerhafte Siedlung in den heutigen USA, und eroberten die französische Niederlassung. Auch in Pensacola entstand eine beständige Ansiedlung. Florida gelangte abwechselnd in den Besitz Englands und Spaniens, bis 1819 die neu entstandenen Vereinigten Staaten Florida kauften. Bis zu diesem Zeitpunkt verschwanden die indianischen Ureinwohner durch Kämpfe, Krankheiten und Versklavung praktisch völlig, und es wanderten allmählich Stämme der Creek-Indianer aus dem Norden ein. Sie wurden unter dem Sammelnamen Seminolen bekannt.

1823 wurde die Hauptstadt Tallahassee gegründet. Die zunehmenden Spannungen zwischen der stark wachsenden Zahl weißer Siedler aus dem Norden und den Seminolen führte zwischen 1817–1858 zu blutigen Kriegen bis die restlichen Indianer nach Oklahoma deportiert waren oder in die undurchdringlichen Sümpfe im Süden flüchteten. 1845 wurde Florida 27. Bundesstaat der USA.

Im Amerikanischen Bürgerkrieg (1861–1865) unterlag Florida auf der Seite der Südstaaten (Konföderation). In den Folgejahren wurde die Entwicklung durch Krankheiten und Epidemien (Cholera, Gelbfieber und Malaria) gebremst. Die riesigen Sumpfgebiete in den Täler des Kissimmee und Coloosahatchee wurden schließlich entwässert, und die Flüsse für Schiffe befahrbar gemacht. Wachstumsschübe gab es durch den Bau der Eisenbahnen nach Tampa und Miami sowie deren Fortführung 1912 durch Henry Flagler bis Key West mittels imposanter Brückenbauwerke.

Jeweils nach den beiden Weltkriegen erlebte das Land einen großen Zustrom von Einwanderern, und die Dichte der Ortschaften nahm schnell zu. Die Region um Miami wurde touristisches Zentrum, um Tampa siedelten sich Industriebetriebe an. 1947 wurde Floridas erster Nationalpark, der Everglades National Park gegründet. 1961 fanden die ersten erfolgreichen Starts der Weltraumfahrt vom Versuchsgelände Cape Canaveral statt. Zentralflorida entwickelte sich nach der Gründung von Walt Disney World und anderer Vergnügungsparks schnell zur wichtigsten touristischen Region Floridas.

Bevölkerung

Floridas Einwohnerzahl hat sich seit der Jahrhundertwende fast verdreißigfacht auf heute ca. 15 Mio. Bürger. Die Siedlungen konzentrieren sich auf den Großraum Miami mit über 2 Mio. Einwohnern, den Bereich St. Petersburg und Tampa am Golf von Mexiko sowie Jacksonville am Atlantik. Die Hauptstadt Tallahassee liegt im dünner besiedelten Norden und zählt 85 000 Einwohner. 10,7 Mio. der Einwohner sind Weiße, darunter 1,6 Mio. spanisch-kubanischer Herkunft, 1,8 Mio. Schwarze und etwa 7 000 Angehörige der Seminolen-Indianer, die in wenigen Reservaten in Südflorida leben.

Immer mehr Amerikaner lassen sich in Florida als Ruheständler nieder. Die Tourismusindustrie mit zahlreichen Dienstleistungsbetrieben, der Anbau von Zitrusfrüchten und Gemüse, Holzwirtschaft und Rinderzucht sind die wichtigsten Erwerbszweige. Zunehmend siedeln sich auch High-Tech-Unternehmen an.

Entstehung und Landschaften

Das heutige Florida ist der höchste Teil des flach nach Süden geneigten Florida-Plateaus. Aufgrund seiner südlichen Lage war das Land in den Kaltzeiten nicht von Gletschern überzogen. Während wiederholter Meeresüberflutungen (zuletzt in den Zwischeneiszeiten) wurden mehrere Kilometer dicke Kalksteinschichten abgelagert, oft reich an Phosphaten und anderen Mineralien. Bei sinkendem Meeresspiegel wurde der Kalkstein mehrfach von Lagen aus Tonen und Sanden überdeckt, und es bildete sich vor etwa 6000 Jahren die heutige Form Floridas heraus.

Die in Nord-Süd-Richtung langgestreckte Halbinsel lässt sich in klimatisch und landschaftlich unterschiedliche Regionen gliedern: der gemäßigte Nordwesten und Norden Floridas, Zentralflorida, und das subtropische Südflorida mit den Keys.

Panhandle

Der waldreiche und dünn besiedelte Nordwesten, der Panhandle (»Pfannenstiel«), erstreckt sich vom **Perdido River** im Westen bis zum **Suwannee River** im Osten. Holzwirtschaft, riesige Militärbasen und Fischerei sind die Haupteinnahmequellen der Region. Der Tourismus gewinnt an der Küste zum Golf von Mexiko langsam an Bedeutung.

Am Nordrand in den **Western Highlands** und **Tallahassee Hills** erstrecken sich auf rötlichen, tonig-lehmigen Böden Laub- und Mischwälder. Hier liegt der höchste Punkt Floridas bei Lakewood an der Grenze zu Alabama (106 m). In die riesigen Kiefernwälder des **Apalachicola National Forest** und **Blackwater River State Forest** sind Sümpfe und Moorgebiete eingestreut. Weiter östlich, in der schönen seen- und waldreichen Landschaft der **Rolling Hills** liegt die Haupt-

Artesische Quelle im Florida Caverns State Park, umgeben von dichten Laubwäldern.

stadt des Bundesstaates Florida, **Tallahassee**. An zahlreichen Stellen im Norden Floridas sind durch Auflösung des Kalksteins unterirdische Hohlräume entstanden, ein Vorgang, den man Verkarstung nennt. Der Einsturz dieser Hohlräume hat zur Bildung zahlreicher Dolinen (**Sink Holes**) geführt. In den **Marianna Lowlands** sind sehenswerte Tropfsteinhöhlen einen Besuch wert.

In den oberen Schichten des Kalkgesteins, das wie ein Schwamm wirkt, bildete sich ein außerordentlich ergiebiges Grundwasserreservoir, der sogenannte **Florida Aquifer**. Er wird aufgrund der durchlässigen Sandböden und hohen Niederschläge kontinuierlich gefüllt und speist heute in Florida über 300 artesische Quellen. Einige zählen zu den ergiebigsten und tiefsten der Welt wie das **Wakulla-Quellsystem**. Das größte Einzugsgebiet unter den 1700 Flüssen Floridas hat der **Apalachicola River**, der in den Golf von Mexiko mündet.

Östlich des Seehafens **Pensacola** warten einige der schönsten Dünenstränden in den Vereinigten Staaten aus reinem, weißem Quarzsand auf sonnenhungrige Urlauber. Die Region um **Fort Walton Beach** ist von den riesigen Luftwaffenstützpunkten **Eglin** und **Tyndall** geprägt. Hervorragende Muschelstrände locken auf den vorgelagerten Nehrungsinseln, die ihre Lage laufend in Abhängigkeit von den Meeresströmungen verändern. Weiter östlich erstrecken sich weite Salzwiesen und Ästuare in die **Apalachicola Bay** mit ihren reichen Austernbänken.

Nordflorida

Im ländlichen, leicht gewellten Norden Floridas an der Grenze zu Georgia erstrecken sich riesige, abgelegene Wälder wie die **Okefenokee Swamp** und der **Osceola National Forest**. Westlich von **Lake City**, einem Zentrum des Tabakanbaus, schlängelt sich der ruhige **Suwannee River** in Richtung Golf von Mexiko. An vielen Stellen sprudeln

Quellen, die wie **Ichetucknee** oder die riesigen **Silver Springs** zu den beliebtesten Touristenattraktionen zählen.

Im Inneren Nordfloridas ist die Universitätsstadt **Gainesville** das wirtschaftliche Zentrum. Bis zum Südrand der Stadt erstreckt sich das natürliche Sumpf- und Grasland von **Paynes Prairie**. Die hügelige Landschaft um **Ocala** ist von den weitläufigen Weideflächen des bedeutenden Pferdezuchtgebietes geprägt. Die dichten Wälder des **Ocala National Forest** sind im Westen vom **Oklawaha River** und im Osten vom **Lake George** (190 km^2) umgeben. Quellen, Bäche und Seen des Waldgebietes ziehen alljährlich Millionen von Besuchern an.

Der längste Fluss innerhalb Floridas ist der **St. John's River** (512 km), dessen Unterlauf einen riesigen Ästuar darstellt, eine Mischung aus Salz- und Süßwasser. An der Atlantikküste mit ihren weiten Dünensträngen begegnet der Besucher an vielen Stellen Spuren der frühen Entstehungsgeschichte der Vereinigten Staaten. Bedeutende Industriemetropole und wichtiger Hafen an der Mündung des St. John's River ist **Jacksonville**. **St. Augustine** mit schön restaurierter Altstadt wird als die erste dauerhafte Ansiedlung der Europäer auf nordamerikanischem Boden angesehen.

Zentralflorida

In Zentralflorida macht sich bereits subtropischer Klimaeinfluss bemerkbar. In den **Central Highlands** dominieren gut durchlässige Sandböden, die von Kiefernwäldern und zunehmend riesigen Zitrusplantagen bedeckt sind. In den Bodensenken der hügeligen Landschaft liegt die Mehrzahl der 30 000 Seen Floridas. Größtes Gewässer ist der von Wäldern und Weideländern umgebene **Lake Kissimmee** (140 km^2). **Orlandos** Vergnügungsparks sind die touristische Hochburg im Südosten der USA. In der Nachbarschaft der Raumfahrtzentren des **Kennedy Space Centers** dehnen sich die kilometerlangen Strände des **Canaveral National Seashore** und die Sümpfe und Wälder des **Merritt Island National Wildlife Refuge** aus. Weiter südlich reihen sich zahlreiche bekannte Bade- und Erholungsorte an den Stränden des Atlantik aneinander.

Die sumpfige Küste am Golf von Mexiko bei **Crystal River** ist überwiegend unzugänglich. Die Ästuare und warmen Quellen sind wichtige Rückzugsgebiete für die gefährdeten Seekühe. An den Muschelstränden südlich **Clearwater** lassen das subtropische Klima und immerwährender Sonnenschein hingegen ein andauerndes Badevergnügen und nahezu jegliche Art sportlicher Betätigung zu. Im Ballungsraum an der **Tampa Bay** wurde **St. Petersburg** zum wichtigsten touristischen Reiseziel, während **Tampa** mit seinem bedeutenden Hafen das Wirtschaftszentrum am Golf ist.

Südflorida

Fort Myers, die Palmenstadt am Golf von Mexiko, lebt vom Tourismus und der Landwirtschaft. Weithin bekannt als Badeorte sind die Nehrungsinseln **Caladesi Island** und **Sanibel Island**. Zu den landschaftlich reizvollsten Landstrichen in der Nähe der Kulturstadt **Sarasota** zählt die Niederung des **Myakka River**.

Die flachen **Coastal Lowlands** im Südwesten der Halbinsel sind nur wenige tausend Jahre alt und gehören zu den jüngsten Landschaften Amerikas. Im subtropischen Klima ist **Naples** am Golf von Mexiko zu einem wichtigen Ferienort gewachsen. In der Umgebung schrumpfen die ehemals riesigen Sümpfe zunehmend zugunsten landwirtschaftlicher Flächen, besonders für den Gemüseanbau. Die weitläufigen Sumpfgebiete der **Big Cypress Swamp** werden in

Bis zum Horizont reicht der herrliche Strand von Canaveral National Seashore.

west-östlicher Richtung vom Tamiami Trail (US 41) und von dem Interstate-Highway 75 durchschritten.

Der zweitgrößte See der USA, der **Lake Okeechobee** (1700 km²), ist von einem Deich umgeben, der das Gewässer von dem intensiv bewirtschafteten Umland trennt. Anstelle der trockengelegten Sümpfe erstrecken sich heute die bedeutendsten Zuckerrohr- und Gemüseanbauflächen des Landes auf hochwertigen, torfhaltigen Böden. Weiter südlich in den Everglades, die ihren Ursprung im Seengebiet Zentralfloridas haben, ragt der Kalkstein bis dicht an die Oberfläche (**South Florida Rockland**) und wird flach vom Wasser überströmt. An der Südspitze der Halbinsel erstreckt sich der **Everglades National Park**, die größte subtropische Wildnis der USA und der zweitgrößte Nationalpark außerhalb Alaskas

zwischen der Florida Bay und dem Stadtrand der Millionenmetropole Miami. Die Atlantikküste zwischen Palm Beach und Miami ist die traditionelle Urlaubsregion des Landes und am dichtesten besiedelt. Vor **Key Biscayne** (»Key« = »Cayo«, spanisch für Insel) liegt das nördlichste Korallenriff der Vereinigten Staaten im **Biscayne National Park**, einem Meerespark mit typischer Mangrovenküste und zahlreichen subtropischen Inseln. Die Inselkette der **Florida Keys** wird durch den Overseas Highway (US 1) verbunden. Es sind 42 Brücken zu überqueren, bis nach einer Fahrt über das türkisblaue Meer **Key West** erreicht ist, die südlichste Stadt von Kontinental-USA mit karibischem Ambiente. Geographisch unterscheidet man die **Upper Keys** (Abschnitt von Key Largo bis Long Key), **Middle Keys** (Abschnitt von Long Key bis an die Seven Mile Bridge) und

Ursprüngliche Mangrovenwildnis der Everglades im Brackwasser der Florida Bay.

Lower Keys (Seven Mile Bridge bis Key West). Die Inseln sind meist dicht besiedelt, ihre Bewohner leben vom Tourismus.

Klima

Floridas Klima ist sonnenreich und warm, es gibt aber große regionale Unterschiede. Der Norden gehört zur warmgemäßigten Klimazone, Zentralflorida und der Süden zur subtropischen Zone. Da an der Südspitze der Einfluss der Karibik überwiegt, kann man sogar von tropischem Klima sprechen. Während der Norden Floridas vier deutlich verschiedene Jahreszeiten aufweist, gibt es in Südflorida nur zwei. Die Sommer sind heiß und schwül mit beinahe täglichen Gewittern (Juni bis September). Die angenehmen Übergangszeiten (Herbst und Frühjahr) weisen sommerliche Temperaturen und wenig Niederschläge auf (Oktober/November, März/April/Mai). Die Wintermonate sind mild, im Norden und in Zentralflorida teilweise jedoch recht kühl, aber stets sonnenreich.

Die höchsten Durchschnittstemperaturen verzeichnen die Keys, die niedrigsten der Nordwesten. In normalen Jahren bewegen sich die Temperaturen im Süden zwischen 6 °C und 35 °C. Den Norden und Zentralflorida können im Winter Fröste und in seltenen Fällen auch Schnee überraschen. Die Keys südlich von Key Largo sind hingegen frostfrei.

Vegetationszonen und Lebensräume

- Kiefernwälder (Flachland)
- Kiefernwälder (sandiges Hügelland)
- Kiefernwälder, Gehölze auf Kalkstein (Südflorida und Keys)
- Laubwälder, Mischwälder
- Flüsse und Quellen, Moore
- Sümpfe, Feuchtgrünland
- Seen, Meer
- Dünen und Küstenwälder
- Salzwiesen
- Mangroven
- Korallenriffe

Die Regenzeit dauert von Mai bis Oktober und die Trockenzeit von November bis April. Die höchsten Jahresniederschläge gibt es im Nordwesten (1520 mm/Jahr), die geringsten auf den Florida Keys im Süden (1015 mm/Jahr).

Durchschnittlich einmal im Jahr ist mit einem tropischen Wirbelsturm zu rechnen. Hurrikans treten meist zwischen Juni bis Oktober auf. Sie können zu erheblichen Zerstörungen führen wie zuletzt 1992 durch der Hurrikan Andrew südlich von Miami. Auch Tornados richten besonders in Zentral- und Nordflorida regelmäßig Schäden an. Sie treten von Februar bis Mai auf, ihre Auswirkungen sind jedoch auf kleinere Gebiete begrenzt.

Vegetationsformationen

Entsprechend der unterschiedlichen Klimazonen gibt es in Florida 20 übergeordnete Naturräume mit über 80 natürlichen Pflanzengesellschaften. Die größten Flächen im Inland sind mit **Kiefernwäldern/Pine Flatwoods** bedeckt, die in der Regenzeit zeitweilig überflutet werden. Viele natürliche Standorte wurden durch Kiefernforste ersetzt oder gerodet. Auch die Vegetation der **Sanddünen/Sandhill Community** Zentralfloridas bestand ursprünglich meist aus Kiefernwäldern.

Einzigartig sind die niedrigen, gebüschartigen Waldbestände (**Sand Scrub**) der eiszeitlichen Sandküstendünen in Zentralflorida. Diese Gesellschaft wird als Relikt einer wüstenartigen Gebüschgesellschaft angesehen, deren Verbreitung sich einst von Kalifornien über Mexiko bis nach Florida hinzog. Der Ocala National Forest hat den größten Bestand. Kiefernwälder und Sandvegetation haben sich den regelmäßigen

Feuern angepasst. Unter natürlichen Bedingungen entstehen diese durch Blitzschlag. Heute werden sie in Schutzgebieten gezielt von Rangern gelegt, um die ursprünglichen Pflanzengesellschaften zu erhalten und kleinere Laubgehölze zurückzudrängen. **Sommergrüne Laubwälder/Southern mixed Hardwoods** erreichen auf den roten Tonböden des Hügellandes ihre südliche Verbreitungsgrenze. Sie ähneln in ihrer Baumartenzusammensetzung den Wäldern der nördlich gelegenen Appalachen.

Die größte Artenvielfalt weisen die sogenannten **Hammocks** auf. Das Wort »Hammock« kann von dem indianischen Begriff für »schattiger Platz« abgeleitet werden; es könnte aber auch von dem spanischen, nautischen Begriff für »eine herausragende, freistehende Gruppe von Bäumen, die von See aus sichtbar sind« stammen. Heute

Mit Epiphyten (Luftpflanzen) besetzte Virginische Eichen/Live Oaks sind typisch für Nord- und Zentralflorida. Sägepalmen im Unterwuchs bilden ein undurchdringliches Dickicht.

wird Hammock nur in Verbindung mit verschiedenen Laubwaldbeständen, meist sogenannten Hartholzwäldern, gebraucht. Artenreiche **Upland Hammocks** haben ihre beste Ausbildung im Inland Nord- und Zentralfloridas, während sich **Lowland Hammock** in den tiefer liegenden Gebieten in Küstennähe ausbreitet. Die artenreichsten Wälder Nordamerikas mit oft über 100 Gehölzarten sind die **Tropical Hammocks** der südlichen Landesteile. Viele dieser Wälder sind jedoch bereits durch den Bau von Siedlungen verschwunden.

Aufgrund der riesigen Flächenausdehnung der Sümpfe gibt es in Florida außerordentlich viele unterschiedliche Feuchtwälder, die zu den schönsten in Nordamerika zählen. **Zypressensümpfe/Cypress Swamps** erstrecken sich entlang der Flüsse und Seen und als isolierte Bauminseln in Kiefernwäldern oder Feuchtgrünland. **Auwaldartige Laubwälder/Mixed Hardwood Swamps** sind artenreicher als reine Zypressensümpfe und wachsen an den zahlreichen naturnahen Flüssen überall in Florida.

Die bekanntesten Sumpfgebiete/Freshwater Marsh sind die riesigen Flächen aus **Sägegras/Sawgrass Prairie** der Everglades. In den Wäldern des Nordens und im Panhandle liegen wertvolle **Moorflächen/Savannas**, die im Prinzip feuchte Kiefernwälder ohne Bäume darstellen und in denen zahlreiche seltene Orchideen und insektenfangende Pflanzenarten vorkommen. In Zentralflorida erstreckt sich ein für den amerikanischen Osten einzigartiges natürliches **Grasland/Native Prairie**, seit über 100 Jahren Standort vieler Rinderfarmen.

Die Küstenabschnitte, an denen das ganze Jahr über hohe Wellen auflaufen, verfügen über ausgedehnte Sandstrände. An flachen Stränden mit wenig Wellenbewegung, besonders am Golf von Mexiko, ragen **Seegras- und Salzwiesen/Saltmarshes** oft viele Kilometer in das Meer hinein. Im Süden Floridas ersetzt ein Gürtel aus dichten **Mangrovesümpfen/Mangrove Swamps** die Salzwiesen am Küstenrand. An vielen Stellen sind die ökologisch außerordentlich wertvollen

Der weiße Quarzsand der Strände und Dünen an der Emerald Coast im Panhandle ist ständig in Bewegung.

Subtropische Mangrovesümpfe der warmen, flachen und nährstoffreichen Küste Südfloridas.

Mangrovebestände jedoch bereits verschwunden. Die Restbestände sind daher heute geschützt.

Schutzgebiete

In Südflorida wurden drei **Nationalparks** gegründet:

❏ Everglades (1947); zum Schutz der riesigen, flachen Sumpfgebiete am Südende der Halbinsel (s. S.31);
❏ Biscayne (1980); zum Schutz des nördlichsten Korallenriffs der Vereinigten Staaten (s. S.22);
❏ Dry Tortugas (1992); zum Schutz von Koralleninseln und -riffs am Eingang zum Golf von Mexiko (s. S.28).

Weitere 250 Naturparks und Schutzgebiete werden von der Bundesbehörde verwaltet wie **National Forests**, **National Wildlife Refuges**, **National Seashores** oder **National Historic Sites**. Hinzu kommen zahlreiche vom Bundesstaat unterhaltene **State Parks**, **State Forests** und kleinere **County Parks**.

Der Gründungsgedanke der State Parks ist es, Teile Floridas so zu erhalten wie sie waren, als die ersten Europäer eintrafen. In den etwa 110 State Parks und State Forests werden daher Naturgebiete geschützt und gepflegt, z.B. durch Einsatz von gezielten Bränden, andere Lebensräume werden renaturiert, indem die sich schnell ausbreitenden nicht einheimischen Pflanzenarten entfernt werden. Oftmals sind die Parks jedoch in erster Linie Erholungsgebiete, in denen Kompromisse zwischen dem Schutz der Natur und Bootsfahrern, Anglern, Badegästen u. a. Nutzern eingegangen werden. Die von Rangern bewachten Eingänge sind von 8 Uhr morgens bis Sonnenuntergang täglich geöffnet, einschließlich der Ferienzeit. Bei übermäßigem Besucherandrang können State Parks vorübergehend geschlossen werden, um Schäden zu vermeiden. Ein Florida State Park Guide ist erhältlich beim Florida Departement of National Resources (s. S.116, 3).

Reiseziele

Südflorida

Miami und Umgebung

Das ausufernde Häusermeer von Miami erstreckt sich heute dort, wo sich einst die riesigen Sümpfe der Everglades ausdehnten. In den wenigen Parks und Naturinseln haben sich im subtropischen Klima zahlreiche exotische Pflanzen- und Tierarten angesiedelt.

Einer der größten botanischen Gärten Amerikas ist ➜ Fairchild Tropical Gardens (10901 Old Cutler Rd., tgl. 9.30–16.30 Uhr). Mehr als 400 Palmenarten und andere tropische und subtropische Pflanzen sind auf Führungen durch die attraktive, 34 ha große Anlage mit künstlichen Seen zu sehen. Vom schönen, palmenbestandenen Strand des nördlich anschließenden ➜ Matheson Hammock Park (9610 Old Cutler Rd.) an der Biscayne Bay hat man einen Blick auf die beeindruckende Skyline von Miami.

Über den gebührenpflichtigen Rickenbacker Causeway gelangt man zum ➜ Miami Seaquarium auf Virginia Key. Die traditionsreiche, neu errichtete Anlage zeigt riesige Seewasseraquarien sowie Vorführungen von Schwertwalen, Delphinen und Seelöwen. Verletzte Seekühe und Meeresschildkröten werden in Bassins gepflegt (tgl. 9.30–18 Uhr).

◁ In den lichten Feuchtwäldern aus Elliott-Kiefern Zentralfloridas wachsen über 200 Pflanzenarten.

Miami Sea Aquarium: Spritzige Shows, aber auch ▷
Werbung für den Schutz von Delphinen und Walen.

Das vorgelagerte, dicht bebaute **Key Biscayne** verfügt über einige der schönsten Strände an der südlichen Atlantikküste. An der Südspitze der Insel erstreckt sich die ➜ Bill Baggs Cape Florida State Recreation Area mit 1,5 km Badestrand um den markanten, restaurierten Leuchtturm (**Cape Florida Lighthouse** von 1825). Es kommen zahlreiche exotische Pflanzen- und Tierarten vor, darunter eingeführte Papageien und große

Grüne Leguane. Durch den Hurrikan Andrew 1992 wurden die meisten fremden Gehölze wie Casuarinen umgeworfen, so dass nun wieder heimische Baumarten gepflanzt werden. Cape Florida ist besonders an Wochenenden eines der populärsten Erholungsgebiete am Rand von Miami.

Biscayne National Park

Der erst 1980 eingerichtete Nationalpark schützt das nördlichste Korallenriff der USA. Mehr als 90 % des Meeresparks liegen unter Wasser, 22 km der geschützten Küste sind von Mangrovedickichten gesäumt. Über 200 Fischarten, darunter mehrere Haiarten, Barrakudas und Rochen, Meeresschildkröten, Delphine, Seekühe und das gefährdete Spitzkrokodil bewoh-

nen die nährstoffreiche Biscayne Bay mit ihren 44 subtropischen Inseln. Das neue ⓘ **Convoy Point Visitor Center** (Mo–Fr 8.30–16.30 Uhr, Sa, So bis 17 Uhr, s. S.117,8) mit Bootsverleih ist über North Canal Drive (SW 328 St.) 14,5 km östlich von Homestead erreichbar (hier ⇌ Motels, Restaurants und private ⚑ Campingplätze). Eine 3-stündige **Glasbodenboots-Tour** (Tel. (305) 230-1100) ermöglicht einen farbenprächtigen Blick auf die Korallen und Fische der Riffgemeinschaft. Von einem Holzsteg am Ufer der Biscayne Bay (**Convoy Point Jetty Trail**, 0,8 km) können Fische und Strandvögel beobachtet werden.

Die vorgelagerten Inseln sind nur mit dem Boot zugänglich. ⚑ Campingplätze gibt es auf **Boca Chita Key** (kein Frischwasser) und **Elliott Key**. Am ⓘ **Besucherzentrum** dieser langgestreckten Insel (geöffnet am Wochenende) beginnt ein 2,4 km langer Rundweg und verläuft durch subtropisches

Buschland und dichte Mangroven. An den vorgelagerten Riffs mit ihren zahlreichen Schiffswracks ist Schnorcheln und Tauchen möglich (Führer in den Besucherzentren erhältlich; Voranmeldung erforderlich). Im Sommer ist es oft stürmisch, und es gibt sehr viele Moskitos!

---

③ Upper Keys

Key Largo im Norden der Inselkette ist ganz auf Tourismus eingestellt und bietet zahlreiche ⇌ Übernachtungsmöglichkeiten. Informationen gibt es im **Florida Keys Visitor Center** (MM = Milemarker 106, s. S.117,12). Der mit über 100 verschiedenen Gehölzen artenreichste Wald der USA, → <u>Key Largo Hammocks State Botanical Site</u> ①, bedeckt das nördliche Drittel der Insel (0,6 km östlich der US 1 an der CR 905). Unter den 84 geschützten Pflanzen- und Tierarten sind die nur hier vorkommende Key-Largo-Buschschwanzratte und das gefährdete Spitzkrokodil. Eine kurze ehemalige Straße (Captain Whalton Drive) verläuft durch den dichten Hammock, dessen Bäume und Sträucher meist karibischen Ursprungs sind wie Weißgummibaum, Echter Mahagoni, Giftholz und Wilder Kaffee.

Der → <u>John Pennekamp Coral Reef State Park</u> ② (MM 102,5) ist das bekannteste der Schutzgebiete von Korallenriffen auf den Keys. Für Fahrten zu den Riffen und Schiffswracks kann man Boote, Tauch- und Schnorchelausrüstungen mieten. Alternativ fahren täglich bei windarmer Wetterlage

Glasbodenboote 2,5 h lang (8 km) zum Molasses Reef vor der Atlantikküste (Coral Reef Park Co., Tel. (305) 451-1621). Die Fenster an den Seiten des Schiffsrumpfes bieten eine ausgezeichnete Sicht auf die 40 Korallenarten und die immense Vielfalt der Fischarten des Riffs, darunter Barrakudas und mehrere Haiarten. Kanufahrer können durch die schmalen Mangrovekanäle der Küste fahren oder auf den Ozean hinauspaddeln.

Das ∎ **Besucherzentrum** (s. S.117,15) gibt eine gute Einführung in Lebensraum und Gefährdungen der Riffe mit großen Aquarien und Ausstellungen. Ranger zeigen den Besuchern, wie man in einem Korallenriff schnorchelt, ohne es zu beeinträchtigen.

◁ Das Besucherzentrum des Biscayne-Nationalparks wurde nach der Zerstörung durch den Hurrikan Andrews 1997 neu eröffnet.

Weißgummibäume/Gumbo Limbo mit ihren charakteristischen rötlichen Stämmen sind außerhalb der geschützten tropischen Waldinseln weitgehend verschwunden. ▷

Der ausgeschilderte **Wild Tamarind Trail** verläuft in der Nähe des ⊼ Campingplatzes durch tropischen Laubwald. Der **Mangrove Trail** ist ein Rundweg auf Holzplanken mit einem Beobachtungsturm über einem undurchdringlichen Gürtel aus Roter Mangrove. Im Sommer sind die vielen Moskitos lästig, und es ist manchmal stürmisch. Auch im Winter können Kaltfronten stärkere Winde bewirken, so dass Bootsfahrten nicht möglich sind. Der Park mit drei gekennzeichneten Schwimmbereichen ist in dieser Jahreszeit sehr beliebt und kann vorübergehend schließen, wenn der Besucherandrang zu stark ist.

Die unbesiedelte Insel ➜ Lignumvitae Key ③ ist nur mit dem Boot erreichbar und von einem noch ursprünglichen Wald bedeckt. Die Insel wurde benannt nach dem kleinen Guajakbaum, dessen hartes, widerstandsfähiges Holz nicht schwimmt. Besonderheiten der Avifauna sind Weißscheiteltauben, Bartvireo, Mangrove-Kuckuck und Glattschnabelanis. Der Wald beherbergt eine geschützte Population der großen, bunten *Liguus*-Baumschnecken. Die dreistündigen Bootsrundfahrten nach Lignumvitae Key starten von Indian Key Fill (MM 79,5; Tel. (305) 664-4815).

Middle Keys

Am langgestreckten Strand der flachen Lagune in der ➜ Long Key State Recreation Area ④ bei MM 67,5 kann man besonders im Winter zahlreiche Reiher, Sichler, Wat- und Seevögel beobachten. Es ist einer der wenigen Orte der Keys mit nistenden Meeresschildkröten im Sommer. Vom Parkplatz nahe dem Eingang verläuft der **Golden Orb Trail,** ein ca. 1,5 km langer Rundweg mit Beobachtungsturm durch Mangroven und am Strand entlang. Der **Layton Trail** ist ein schattiger Naturpfad (ca. 15 min) durch karibi-

Sonst unzugängliche Mangrovedickichte können im John Pennekamp Coral Reef State Park auf Holzstegen erkundet werden.

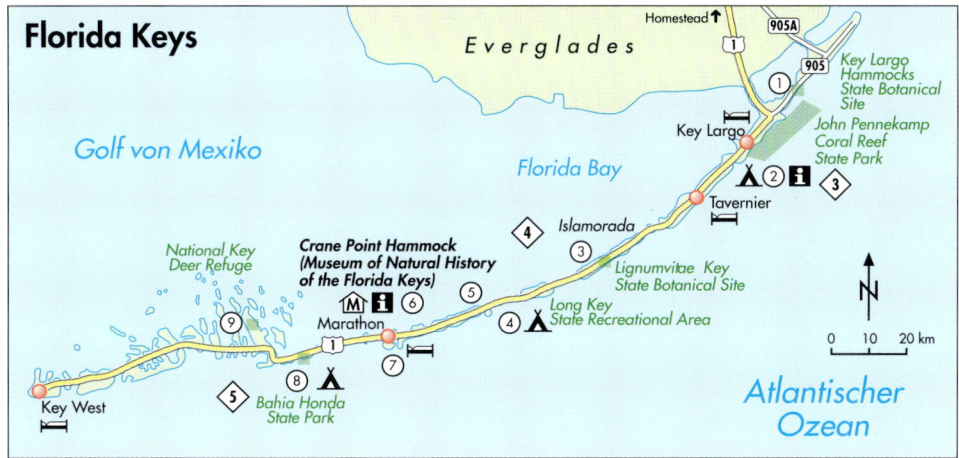

Florida Keys

Everglades

Homestead ↑ 905A

Key Largo Hammocks State Botanical Site

Golf von Mexiko

Key Largo

John Pennekamp Coral Reef State Park

Florida Bay

Tavernier

Islamorada

National Key Deer Refuge

Crane Point Hammock (Museum of Natural History of the Florida Keys)

Lignumvitae Key State Botanical Site

Long Key State Recreational Area

Marathon

Key West

Bahia Honda State Park

Atlantischer Ozean

N

0 10 20 km

sche Gehölze. Dicht hinter dem Parkein-gang ist auch der Ausgangspunkt des **Long Key Lakes Canoe Trail**, der an Mangroven mit einer Reiherkolonie vorüberführt. Der ⚑ Campingplatz liegt dicht an der US 1 un-ter Casuarinen am Strand.

Auf der folgenden Insel **Grassy Key** zieht das vor allem durch den Fernsehdelphin »Flip-per« bekannte ➜ **Dolphin Research Center** ⑤ (MM 59) Besucher an. Man kann eine Rundtour durch die Forschungseinrichtung unternehmen, versuchen mit den Delphi-

Der poröse Kalkstein der Florida Keys ist aus fossilen Korallenriffen entstanden. Er diente zum Bau der imposanten Brücken für Eisenbahn und Straßen.

Das karibisch-blaue Wasser zwischen den Florida Keys überspannen 43 Brücken.

nen zu kommunizieren und (nach Voranmeldung) ein Schwimmprogramm mit ihnen absolvieren (tgl. 10–17 Uhr).

Durch das belebte **Marathon** auf den Vaca Keys, dem wirtschaftlichen Zentrum der Inseln, gelangt man bei MM 50 zum ➔ <u>Crane Point Hammock</u> (Museum of Natural History of the Florida Keys) ⑥. Dieser ausgesprochen artenreiche, karibische Gehölz- und Baumbestand (über 160 Pflanzenarten) wurde erst 1988 unter Schutz gestellt. Hinter dem Museumsgebäude mit Ausstellungen zur Kultur- und Naturgeschichte beginnt der 0,4 km lange, ausgeschilderte Rundweg durch den dichten Wald, darunter Giftholz-Bäume, die man nicht berühren sollte. Das **Adderly House,** das älteste Gebäude auf den Keys außerhalb von Key West aus dem Jahr 1903, wurde restauriert.

Eine Besonderheit in Marathon sind die Vorkommen des wenig scheuen Kaninchenkauzes. Fährt man die **Sombrero Beach Rd.** ⑦ (CR 931) bis zum Ende, findet man die

vor Besuchern abgesperrten, selbstgegrabenen Bruthöhlen hinter dem gleichnamigen, schönen Strand. Besonders im Herbst ist diese Gegend ein Mekka für Vogelbeobachter, denn riesige Mengen an Greifvögeln aus dem Norden des Kontinents ziehen hier durch.

Lower Keys

Fährt man über die eindrucksvolle, 11 km lange Seven Mile Bridge, erreicht man den Eingang des ➔ <u>Bahia Honda State Park</u> ⑧ (MM 36,9). Die weißen, palmenbestandenen Sandstrände dieses südlichsten State Parks Floridas sind die besten der Keys zum Schwimmen und Schnorcheln. Das ganze Jahr über kann man Seevögel wie Prachtfregattvogel, Braunpelikan, Ohrenscharbe und mehrere Reiherarten beobachten. Der Park ist besonders im Winter sehr populär

Bunte Korallenriffe

Vor der Atlantikküste Florida haben sich im warmen Golfstrom die einzigen richtigen Korallenriffe Nordamerikas entwickelt. Hirschgeweih-, Fächer- und Hirnkorallen benötigen zum Wachstum eine Mindesttemperatur von 20 °C, reichlich Sonne und sauberes Wasser. Sie wachsen daher nur südlich von Miami. Etwa 6 000 Korallenriffe erstrecken sich auf einer Länge von 380 km zwischen Key Biscayne und den Dry Tortugas. Die Riffe sind Lebensraum zahlloser Schwämme, Seeigel, Meeresschnecken, Krebse und anderer Wirbellose sowie eine wichtige Brutstätten für viele Nutzfische und Hunderter von tropischen Fischarten.

Die Korallenriffe der Florida Keys werden von mehr Tauchern und Schnorchlern besucht als irgend ein anderes Riff in der Welt. Die steigenden Besucherzahlen und sorgloses Ankern stellen eine zunehmende Gefahr dar für die empfindlichen Kolonien. Im Winter ist ein Nassanzug notwendig, da die Wassertemperatur nur zwischen 16°C und 21°C beträgt.

Diejenigen, die nicht Schnorcheln oder Tauchen möchten, sollten einen der ältesten Teile des Florida Riffs auf Key Largo besuchen (Windley Key State Geologic Site, MM 85,5). Dieses fossile Riff ist ein Teil des Key-Largo-Reef-Kalksteins, der etwa 125 000 Jahre alt ist. Die besten Schnorchelplätze kann man vor den Dry Tortugas erkunden. Auch das Tortugas-Riff ist geschützt, aber es ist weniger negativen Einflüsse durch Boote und Besucher ausgesetzt als die nördlichen Riffe. In den warmen und klaren Gewässern des Golfstroms reicht die Sicht meist 24–30 m tief.

Blaustirn-Kaiserfisch/Queen Angelfish.

Signal-Papageifisch/Parrot Fish.

Farbenprächtige Schwämme/Sponges filtern Nahrungspartikel aus dem Wasser des Riffs.

zum Schwimmen, Schnorcheln und Fischen im unmittelbar angrenzenden Riff. Er wird geschlossen, wenn Überfüllung droht. Tägliche Schnorcheltouren werden zu dem wunderschönen Korallenriff bei **Looe Key** im **Florida Keys National Marine Sanctuary** von der Marina am 🄷 **Besucherzentrum** angeboten (Tel. (305) 872-3210). Von der **Old Bahia Honda Bridge**, einem Rest der ehemaligen Eisenbahn nach Key West, hat man einen schönen Blick auf die Insel und den türkisfarbenen Ozean. Der **Silver Palm Nature Trail** (ca. 15 min) östlich der ⛺ **Sandspur Camping Area** führt durch dichte karibische Gehölze mit Gelbholz, Weißgummibaum und der seltenen Silberpalme. Campingplätze und klimatisierte 🛏 **Blockhütten** sind im Winterhalbjahr nur nach Reservierung verfügbar (s. S...,7).

Big Pine Key ist die einzige Insel der unteren Keys mit einer permanenten Süßwasserquelle. Das ➔ National Key Deer Refuge (16 km²) ist ein spezielles Schutzgebiet für die kleinste Unterart des Weißwedelhirsches, die nur auf **Big Pine Key** und **No Name Key** vorkommt. Die Parkverwaltung (Broschüre erhältlich) befindet sich im Big Pine Shopping Center (CR 940, Key Deer Boulevard). Im weiteren Verlauf dieser Straße kann der bedrohte Zwerghirsch das ganze Jahr über am Rand des Kiefernwaldes mit dichtem Unterwuchs aus Sägepalmen beobachtet werden, zumeist am frühen Morgen oder späten Abend. Geschwindigkeitsbeschränkungen beachten und Tiere nicht füttern!

Nach 5 km in nördlicher Richtung liegt am Key Deer Boulevard das **Blue Hole**. Früher ein Steinbruch für den Straßenbau, ist dieser Süßwasserteich mit Beobachtungsplattform nun Lebensraum für zahlreiche Wassertiere, die sonst auf den Keys selten sind wie Alligatoren, Frösche, Weichschildkröten und Forellenbarsch, aber auch Landtiere wie die kleinen Weißwedelhirsche kommen hierher zum Trinken. 0,4 km nördlich des Blue Hole schlängelt sich der **Jack C. Watson Wildlife Trail** (1 km) durch lichte Elliott-Kiefernbestände.

Auf dem angrenzenden **No Name Key** kommt neben den Zwerghirschen eine besonders helle Form des Waschbären vor, der hier leicht in den Mangroven beobachtet werden kann.

⬦ 6

Dry Tortugas National Park

Die Gruppe von 7 Koralleninseln fast 110 km westlich von Key West ist das Zentrum des jüngsten Nationalparks in Florida. Der Spanier Ponce de Leon benannte sie 1513 als »Las Tortugas« nach den zahlreichen Meeresschildkröten. »Dry« wurde hinzugefügt, um Seeleute davor zu warnen, dass es hier kein Frischwasser gibt. Das mächtige **Fort Jefferson** auf **Garden Key** (6 ha), die größte Seebefestigung an der Südküste der USA, wurde niemals fertiggestellt. Der Nationalpark ist bekannt für seine riesigen Seevogelkolonien. Im März/April kehren ca. 100 000 Rußseeschwalben, Noddi-Seeschwalben und Rosenseeschwalben nach **Bush Key**, **Hospital Key** und **Long Key** zum Brüten zurück. Weitere Arten sind Töl-

◁ Dunkelbraune Noddi-Seeschwalben/Brown Noddy brüten in Nordamerika nur im Dry Tortugas Nationalpark.

Subtropische Wildnis in der Stadt: Gumbo Limbo ▷ Environmental Complex in Boca Raton.

pel (2 500 Paare) und Prachtfregattvogel. Im Frühjahr und Herbst rasten zahllose Kleinvögel auf den Inseln. Es gibt ausgezeichnete Schnorchel- und Tauchplätze um Garden Key und an den Riffen der Umgebung. Die klaren Gewässer sind ein idealer Lebensraum für Hirschgeweih-Korallen und riesige Schwärme von Rifffischen. 5 gefährdete Meeresschildkrötenarten: Echte Karettschildkröte, Suppenschildkröte, Bastardschildkröte, Lederschildkröte und Unechte Karettschildkröte kommen vor.

Von Key West fahren nahezu täglich Fähren auf die Tortugas (Tortugas Ferry; 4 Tage/Woche; Tel. (800) 634-0939). Für eine Extragebühr werden Camper 1–2 Tage später wieder aufgenommen. Eine Alternative sind Schwimmflugzeuge von Key West (Key West Seaplane Service, Tel. (305) 294-6978, ca. 45 min) oder von Marathon. Die See ist bei windigem Wetter oft rauh, so dass Fahrten oder Flüge kurzfristig abgesagt werden müssen. Auf den Inseln gibt es kein Frischwasser oder Lebensmittel!

Es lohnt sich, das historische Fort auf einem Rundweg zu erkunden, weitere Informationen bietet die Ausstellung im ▪ Besucherzentrum. Die Festung ist als zusätzlicher Schutz von einem Wall umgeben. In dem dazwischen liegenden Burggraben kann man die Unterwasserwelt bei ruhigem Wasser von oben ebenso gut wie ein Schnorchler sehen. Besonders in der Nacht bestehen sehr gute Beobachtungsmöglichkeiten z. B. von jungen Meeresschildkröten.

Der Zugang zu den übrigen Inseln ist eingeschränkt, teilweise ganzjährig untersagt. Auf Garden Key gibt es einen einfachen ▲ Campingplatz unter Palmen. Schnorchel- und Tauchzubehör kann am Besucherzentrum geliehen werden oder wird auf den Ausflugsfahrten gestellt.

John D. MacArthur Beach State Park

Die schönen Strände und Dünen des State Parks liegen zwischen den hohen Hotelanlagen von North Palm Beach auf der dem Festland vorgelagerten **Singer Island** (SR A1A, 4,8 km nördlich der Brücke am Blue Heron Blvd.). Das ▪ **Kirby Nature Center** zeigt interessante Ausstellungen über prähistorische Funde und zur Küstenökologie. **Butterfly Garden Trail** und **Satinleaf Trail** stellen die Gehölzvielfalt des subtropischen Hartlaubwaldes sowie die heimischen

Schmetterlingsarten vor. Ein 500 m langer Holzsteg überquert die von dichten Mangroven gesäumte Bucht des **Lake Worth** und endet an den Sanddünen oberhalb des schmalen Strandes. Am vorgelagerten Riff gibt es gute Schnorchelmöglichkeiten. Aufgrund der fehlenden abendlichen Lichter ist der State Park eines der besten Nistplätze in Palm Beach County für die gefährdeten Unechte Karettschildkröten. Im Juni/Juli werden von Rangern geführte **Nachtwanderungen** angeboten zur Beobachtung der Eiablage am Strand (Tel. (561) 624-6952).

Im noblen Boca Raton lohnt der ➜ <u>Gumbo Limbo Environmental Complex</u> zwischen dem Intracoastal Waterway und dem Atlantischen Ozean einen Besuch (SR A1A, 1,8 km nördlich der Palmetto Park Rd.). Der Name stammt von dem tropischen Weißgummibaum, der in den Bauminseln des Ästuars häufig vorkommt. Die Florida Atlantic University betreibt ein Forschungsinstitut mit großen Seewassertanks, in die frisches Seewasser gepumpt wird. Dem Besucher werden Meeresschildkröten, die typischen Meerespflanzen, Fische und Krebse des Atlantiks vorgeführt. Ein kurzer Pfad führt durch subtropische Laubbaum- und Palmenbestände zu einem Beobachtungsturm mit Blick über den Intracoastal Waterway. Im **Red Reef Park** auf der anderen Straßenseite kann man über ursprünglich künstlich angelegten, natürlich gewachsenen Riffen schnorcheln.

Loxahatchee National Wildlife Refuge

Die nördlichen Everglades westlich von Palm Beach sind als Wasserschutzgebiet (Water Conservation Area 1) ausgewiesen. In das riesige Sumpfland aus Schilf und Sägegras sind vereinzelt Bauminseln einge-

Luftwurzeln der Sumpfzypresse/Bald Cypress.

Häufige Bromelie der Bauminseln: »Stiff-leaved Wildpine«.

streut. Hier leben zahllose Alligatoren, Schlangen und Amphibien, es brüten Schlangenhalsvögel, Reiher, Rosalöffler und gelegentlich die gefährdete Schneckenweihe. Wat- und Wasservögel überwintern in großen Schwärmen. In der **Headquarters Recreation Area** des Loxahatchee National Wildlife Refuge (21 km südlich der US 98 an der US 441) ist im **⊞** Besucherzentrum (Mo–Fr 9–16 Uhr, So, Sa und in den Ferien bis 16.30 Uhr) ein ausführlicher Führer durch diesen öffentlich zugänglichen Teil des Reservats erhältlich. Der sehr empfehlenswerte, 0,6 km lange **Cypress Swamp Boardwalk** windet sich durch einen schönen Sumpfzy-pressenbestand mit zahlreichen Farnen, z.B. dem Lederfarn, der größte Farn Nordamerikas. In den Astgabeln gedeihen zahlreiche Orchideen und Bromelien. Eine rote Flechte (»Baton rouge«) bildet an den Stämmen auffällige Farbmuster. Der 1,3 km lange **Marsh Trail** führt am Rand des offenen Sumpflandes auf den Dämmen eines Teiches an einem Beobachtungsturm vorüber. In der ➜ J. W. Corbett Wildlife Management Area westlich von Palm Beach Gardens (Seminole Pratt Whitney Rd.) führen ein Holzsteg (**Hungryland Boardwalk**) und ein beschilderter Lehrpfad durch einen ausgedehnten Zypressenbestand, durch Kiefernwald und subtropischen Hartholzlaubwald, in denen Weißwedelhirsche, Reiher u. a. Vogelarten der Sümpfe beobachtet werden können.

9

Everglades National Park

Die Everglades sind eines der außergewöhnlichen Naturgebiete der Welt. Eigentlich beginnen sie bereits südlich des riesigen Lake Okeechobee, von dem aus ein oft nur wenige Zentimeter tiefer Wasserstrom in einer Breite von bis zu 80 km langsam nach Süden fließt. Dieser »Fluss aus Gras« ist meist nur 10–90 cm tief.

Die unterschiedlichen Lebensräume reichen von Teilen der Florida Bay, Ästuaren und Mangroven bis zu Kiefernbeständen und Inseln karibischer Baumarten (Ham-

Sensible Sumpfwildnis

Die Everglades und Big Cypress Sümpfe erscheinen dem Besucher als eine endlose flache Graslandschaft, die nur von einzelnen, geringfügig höher liegenden Bauminseln unterbrochen wird. Die scheinbar ungestörten Flächen leiden aber zunehmend unter den Folgen menschlicher Eingriffe. Besonders deutlich wird dies darin, daß die Bestände nistender Stelzvögel seit den 30er Jahren um 93 % gesunken sind. Es sind besonders Veränderungen der Wasserstände zur Deckung des Trinkwasserbedarfs der schnell wachsenden Millionenstadt Miami, Dammbauten zur Trockenlegung der Sümpfe und Stoffeinträge aus Landwirtschaft und Industrie, die den Nationalpark beeinträchtigen. Die Situation verbessert sich etwas dadurch, dass neue Randgebiete im Nordosten bei Homestead hinzugekauft wurden, so dass durch Aufhebung von Dämmen und Kanälen der Wasserdurchfluss in die südlichen Everglades verbessert wurde. Großprojekte wie die Anlage eines Flughafens im Big Cypress Swamp und eines Seehafens im Süden wurden nicht realisiert. Es wird versucht, den Nationalpark mit Wasser entsprechend der natürlichen Rhythmen von Trocken- und Regenzeiten zu versorgen. Abwässer werden zunehmend gesäubert, bevor sie in das Schutzgebiet und in die übrigen Everglades gelangen.

mocks) in den riesigen, unberührten Süßwassersümpfen und der feuchter Säge-gras-Prärie. Seit 1947 ist das 5661 km^2 große Gebiet zwischen dem Häusermeer des südlichen Miami und der Küste des Golfs von Mexiko Nationalpark, seit 1979 World Heritage Site der UNESCO.

Die Artenvielfalt ist groß: Etwa 400 Vogel-arten wurden nachgewiesen, darunter zahlreiche Zugvogelarten, die von Nord-nach Südamerika wandern. Die Everglades sind Heimat von Alligatoren und Krokodi-len, Schlangen und Schildkröten, zahlrei-chen Reiherarten, Rosalöfflern, Sichlern und Anhingas, von Weißkopfseeadlern, Rotluchsen und Schwarzbären. Mehr als 1000 Blütenpflanzenarten, darunter allein 120 Baumarten, kommen vor.

Die 4 Zugänge sind Florida City, Chekika, Shark Valley und Everglades City. ▲ Cam-pingplätze befinden sich nur im Osten bei Long Pine Key, Flamingo und Chekika,

zahlreiche weitere einfache Plätze in den Sümpfen können nur mit dem Kanu oder Boot erreicht werden. Ein ⇔ Motel inner-halb des Parks gibt es nur in Flamingo (Fla-mingo Inn Lodge, Tel. (305) 253-2241, s. S.117,11). Besuche im Sommer sind oft fast unmöglich wegen der großen Hitze, der riesigen Moskitoschwärme und zahlreicher Gewitter und Regenfälle. Bei hohen Was-serständen verteilen sich Alligatoren und Wasservögel im Park und sind weniger gut sichtbar. Die beste Besuchszeit, trockener, kühler und mit weniger Moskitos, liegt da-her zwischen November und April.

Royal Palm bis Flamingo

Der Haupteingang im Osten liegt westlich von Florida City an der SR 9336, etwa 16 km südwestlich der Kreuzung von SW 344th St./Palm Drive mit der US 1. Hinter dem 1996 neu eröffneten ❚ Besucherzen-trum (hier Informationen über von Rangern

geführte Wanderungen, Karten und Wege; s. S.117,10) liegen zwei Teiche, an denen Alligatoren, Eisvögel und Fischadler, aber auch seltene Schwalbenweihen von März bis August beobachtet werden können. Vom Parkeingang führt die 61 km lange Parkstraße nach Flamingo an der Florida Bay und passiert verschiedene Lebensräume und Sehenswürdigkeiten, die auf kurzen Wegen (unter 1 km) zu erreichen sind. Der **Anhinga Trail** ① ist sicherlich der schönste Weg im Park (0,8 km). Er überquert den **Taylor Slough**, nach dem **Shark River** der zweite bedeutende Wasserstrom der Sümpfe. Er führt auch in der Trockenzeit Wasser, so dass fast immer Alligatoren, Reiher, Schlangenhalsvögel, Sumpfkaninchen, Wasserschlangen und manchmal auch jagende Fischadler gesichtet werden. Im Laufe der Jahre haben sich die Tiere an die Anwesenheit von Menschen gewöhnt.

Der nahegelegene **Gumbo Limbo Trail** ist ca. 0,8 km lang und windet sich durch den **Paradise Key Hammock**, einen schattigen, dschungelähnlichen Laubwald, dessen Bäume dicht mit Bromelien, Farnen und Kletterpflanzen bewachsen sind. Durch die Elliott-Kiefernwälder führt der ca. 0,7 km lange **Pinelands Trail** in der Nähe des Ⓐ Campingplatz **Long Pine Key**. Weniger stark besucht ist der **Hidden Lake** ②, den man von der Hauptstraße auf der Royal Palm Road am Everglades Research Center erreicht. Fährt man die Hauptstraße weiter nach Süden, quert man den **Rock Reef Pass** ③ (0,9 m hoch). Diese geringfügige Erhöhung bedingt bereits, dass die Wurzeln von Bäumen trocken genug gehalten werden, um in der nassen Sägegras-Prärie zu wachsen. Am **Pa-hay-okee Overlook** ④ führt ein kurzer

Holzsteg (0,3 km) zu einer Beobachtungsplattform, die die Prärie überblickt. Der **Mahogany Hammock** ⑤ ist ein dichter Dschungel mit zahlreichen Würgfeigen, die die karibischen Gehölze umschließen. Der 0,8 km lange Holzsteg führt zu dem größten Mahagoni-Baum der USA. Bromelien, Orchideen und Farne auf den Zweigen der Bäume sind Lebensräume von Baumfröschen, Anolis, Baumschnecken sowie zahlreichen Insekten und Schlangen.

Am **Paurotis Pond** ⑥ und am **West Lake** ⑦ kann man Alligatoren, Reiher, Amerikanische Blässhühner und je nach Jahreszeit auch überwinternde Wasservögel beob-

◁ Der Eco Pond bei Flamingo eignet sich ganzjährig zur Beobachtung von Wat- und Wasservögeln.

Ein Sumpfsteg führt durch die Everglades zu einer Baum- ▷ insel/Hammock mit dem größten Mahagoni-Baum der USA.

achten. Der **Snake Bight Trail** ⑧ endet nach
3 km an einem Holzsteg an der Florida Bay.
Bei ablaufender Tide halten sich hier Reiher
und Limikolen auf, gelegentlich auch Karibische Flamingos. Auch der **Mrazek Pond** ⑨
kann bei niedrigen Wasserständen im Park
ein guter Beobachtungsplatz für Reiher,
Störche und Alligatoren sein.
An der Marina von **Flamingo** neben dem
🛈 **Besucherzentrum** werden 1- bis 2-stündige
Bootstouren durch die Florida Bay angeboten. Von der Beobachtungsplattform hat man
einen guten Überblick über die Bucht. In den
meisten Jahren nisten Fischadler auf einer
kleinen Mangrove-Insel gegenüber. Delphine, vor allem Große Tümmler, können häufig
beobachtet werden. Im Sommer sind die Einrichtungen teilweise geschlossen.
Fährt man weiter Richtung ⛺ Campingplatz, kommt man am **Eco Pond** ⑩ vorüber.

△ Begegnung mit Alligatoren am Anhinga Trail. Die Tiere
der Sümpfe haben sich hier an die Anwesenheit von
Menschen gewöhnt.

Endlose Sägegras-Prärie der Everglades am Shark River ▷
Slough.

Von der Beobachtungsplattform am Anfang des Rundweges kann man Reiher beim Fischfang und Alligatoren beobachten, Weiße Sichler haben hier ihren Schlafplatz. Der kurze **Guy Bradley Trail** am Ostende des Campingplatzes verläuft teilweise am Strand entlang und bietet gute Blicke auf die Florida Bay.

Besucher, die zwischen dem östlichen Haupteingang in den Park und Shark Valley oder Everglades City hin und her fahren, finden auch bei **Chekika** einen guten **Δ** Camping- oder Rastplatz. Man erreicht diesen Teil des Nationalparks von Florida City nach Norden auf der SR 997/Krome Ave. und über die SW 237th Aven. nach 1 km in westlicher Richtung.

Shark Valley

Vom Interstate 95 in Miami gelangt man auf dem US Highway 41 (Tamiami Trail) nach 56 km zum Eingang Shark Valley ⑪. Der **Shark River Slough** ist eine der Lebensadern der Everglades, ein breites, langsam fließendes Gewässer, das auch bei niedrigen Wasserständen noch Wasser führt. Tropische Bauminseln liegen verstreut in der offenen Sägegras-Prärie. Der Parkeingang zum **H Besucherzentrum** befindet sich auf der Südseite der Straße. Auf einem 24 km langen Rundweg kann man eine lohnende 2stündige Fahrt mit offenen Bussen (➜ **Wildlife Viewing Tram Tour**, Tel. (305) 221-8455) unternehmen. Die von Rangern geführten Fahrten führen zu einem 20 m

Everglades

hohen Beobachtungsturm, von dem man einen weiten Blick über das endlose Grasmeer des Parks hat. Reiher, Rallenkraniche, junge und alte Alligatoren sowie Fische kommen in den Kanälen und Teichen um den Tower häufig vor. Man kann diesen Teil der Everglades aber auch auf einem geliehenen Fahrrad erkunden, es ist jedoch sehr heiß im Sommer. Südlich des Besucherzentrums beginnen der **Bobcat Trail**, 0,4 km Holzsteg, und der **Otter Trail**, der ca. 1,5 km durch einen Hammock führt.

Das Sumpfgebiet auf der Gegenseite des Eingangs ist ein guter Beobachtungsplatz für die seltene Schneckenweihe. Im nahegelegenen **Miccosukkee Indian Village** werden Tanzvorführungen und indianisches Kunsthandwerk geboten. Fahrten mit den lauten Propellerbooten sind nur außerhalb des Nationalparks erlaubt!

Everglades City

In der Nordwestecke des Parks, vor der kleinen Ortschaft Everglades City liegen die

Mangrovewälder der ➜ <u>Ten Thousand Islands</u> ⑫ (SR 29, 5,6 km südlich des Tamiami Trails, US 41). Vom **Gulf Coast Visitor Center** aus kann man auf **Bootstouren** Delphine und Seekühe sowie Seevögel wie Scherenschnäbel, Fischadler, Reiher und Weiße Sichler am Brut- oder Schlafplatz beobachten (Tel. (941) 695-2591). Die **Mangrove Wilderness Tour** führt den Turner River hinauf, an Muschelhügeln der Calusa- Indianer vorüber. Die **Ten Thousand Island Cruise** bietet einen großartigen Eindruck von dem Insellabyrinth, das laufend Größe und Lage verändern. Die Vogelinseln dürfen nicht betreten werden.

Die Bucht ist das nördliche Ende des 160 km langen **Wilderness Waterway**, einer Kanuroute durch die stark zerrissene Küstenzone des Parks, die von Everglades City nach Flamingo führt. Im Sommer ist das Wasser ruhiger zum Bootfahren, es gibt aber Wolken von Moskitos (Dauer 7 Tage mit dem Kanu oder 6 h mit dem Motorboot, Übernachtung auf Holzplattformen).

Big Cypress Swamp

Das riesige Sumpfgebiet ➜ <u>Big Cypress National Preserve</u> (2 900 km²) ist eines der großartigen ursprünglichen Naturräume im Süden Floridas. Es schließt unmittelbar an den Everglades National Park an und dient als Pufferzone, natürliches Reservoir und Nährstofffilter. Der überwiegende Teil besteht aus mehr oder weniger feuchten Sägegras-Prärien, in die Bauminseln aus einer nur etwa 1 m hohen Wuchsform der Sumpfzypresse eingestreut sind. Bis 1950 wurden die meisten hohen Sumpfzypressen- und Kiefernwälder gefällt, so dass nur wenige alte Gehölzbestände übrig geblieben sind. Das Gebiet ist Lebensraum der letzten Florida-Pumas, aber auch von Waldstorch, Weißkopfseeadler, Schlangenhalsvögeln, zahlreichen Reihern und im Nordabschnitt auch von Schwarzbären.

Am ⊟ **Besucherzentrum** (US 41, 33,8 km östlich der SR 29 bei Oasis) beginnt und en-

Fischreiche Kanäle und Hartholz-Bauminseln an der Turner River Road im Big Cypress Swamp.

det der **Florida Trail**, ein Wanderweg, der quer durch die Floridahalbinsel nach Norden bis in den Panhandle führt. Es gibt nur wenige für den Besucher befahrbare Straßen; im Sommer sind die Wege oft überflutet. Ein Autorundweg befindet sich zwischen **40-Mile Bend** und der **Monroe Station** am Tamiami Trail (SR 94). Die ca. 13 km östlich von Pinecrest sind befestigt und geeignet für normale Autos, weiter westlich ist der Straßenzustand oft schlecht (ca. 29 km). Zu empfehlen ist eine Fahrt auf der unbefestigten **Turner River Road** 23 km westlich des Besucherzentrums. Sie führt direkt nach Norden an einem Entwässerungskanal entlang (ca. 27 km). Besonders im Winter sind hier Reiher, Sichler, Rallenkraniche, Schildkröten und Schlangen hervorragend zu beobachten. Am Tamiami Trail liegen mehrere kostenlose ▲ Naturcampingplätze. Im Westen schließt sich das außerordentlich interessante → Fakahatchee Strand State Preserve an. Die langgestreckten Sümpfe mit Waldinseln aus Sumpfzypressen, Harthölzern und Palmen, die dem Schutzgebiet seinen Namen gegeben haben, stellen einen sehr langsam in südlicher Richtung aus dem Big Cypress Swamp strömenden Fluss dar. Die Tidesümpfe und großen Mangrove-Ästuare in den Ten Thousand Islands der Everglades im Süden hängen von der Frischwasserzufuhr aus dem Fakahatchee ab. Nordamerikas größten Königspalmen wachsen hier, inmitten des artenreichsten Vorkommens epiphytischer Farne, Moose und Orchideen.

Der **Big Cypress Boardwalk** (600 m) hinter Indian Village am Tamiami Trail (US 41) vermittelt einen sehr guten Eindruck von dem dichten Sumpfwald aus alten, mit Epiphyten bewachsenen Sumpfzypressen am Südende des Schutzgebietes. Aus dem dunklen Wasser ragt gelbblühender Wasserschlauch, Schildkröten und Wasserschlangen sonnen sich am Fuß der Bäume. Der einzige Weg, um tiefer in das Gebiet zu

gelangen, ist der 18 km lange Jane's Memorial Scenic Drive (über SR 29, 4 km bis CR 837 in Copeland). Zahlreiche ehemalige Holzfällerstraßen, die nur teilweise begehbar sind, zweigen nach beiden Seiten ab.

Umgebung von Naples

Die Naturgebiete am Westrand der Everglades in der Nähe des beschaulichen Naples liegen etwas abseits von den Hauptattraktionen Südfloridas. → Briggs Nature Center wird von der privaten Naturschutzorganisation »Conservancy of Southwest Florida« betrieben. Das interessante Schutzgebiet umfasst einen typischen Mangrove-Ästuar mit Reiherkolonien. Vom Tamiami Trail (US 41) erreicht man das Reservat über die SR 951 und Shell Island Rd. nach 6,4 km in südlicher Richtung.

Ein ca. 0,8 km langer Holzsteg, kann durch das kleine **❼** Besucherzentrum, wo auch eine Broschüre erhältlich ist, erreicht werden. Der Rundweg führt durch eine offene Landschaft aus Buschland mit niedrigen Eichenarten, Elliott-Kiefernwald, feuchten Laubwald und Mangrovesumpf und endet an einer überdachten Beobachtungsplattform. Vor dem Besucherzentrum befindet sich ein kleiner Wildblumengarten, der Schmetterlinge anlockt.

Im artenreichen → Collier-Seminole State Park (US 41, ca. 27 km südlich von Naples) erstreckt sich eine typische Mangrove- und Marschlandschaft im Übergangsbereich zwischen Everglades und Big-Cypress-Sümpfen. Ein eindrucksvoller Schaufelbagger »walking dredge«, an der Eingangsstation ausgestellt, wurde dazu verwendet, um in den 1920er Jahren den Tamiami Canal zu graben. Der **Royal Palm Nature Trail** (1,5 km) führt, teilweise auf Holzstegen, durch tropische Hartholzwälder mit karibischen

Weißgummibäumen sowie durch einen schönen Königspalmenbestand (bis zu 30 m hoch). Die Bäume sind Wirte für zahlreiche seltene Epiphyten und Farne. Auf dem **Black Water River** bietet sich eine Fahrt mit einem Ausflugsboot an (Tel. (800) 842-8898). Im Winterhalbjahr, der mückenarmen Zeit, kann man auch Kanufahrten durch das **Wilderness Preserve,** einen riesigen Mangrovesumpf, und in die Ten-Thousand-Islands-Region der Everglades unternehmen. Der beliebte ⛺ Campingplatz ist im Winter oft vollständig belegt.

Corkscrew Swamp

Das 45 km² große Gebiet des ➜ <u>Corkscrew Swamp Sanctuary</u> der National Audubon Society schützt einen der letzten ursprünglichen Sumpfzypressenbestände der USA (von I-75, Exit 17, auf der CR 846). Einige der riesigen Bäume sind über 600 Jahre alt, 40 m hoch und dicht mit Epiphyten wie Louisiana-Moos und anderen Tillandsien, Baumorchideen, Würgfeigen und Farnen bewachsen. Das Sumpfdickicht ist ein Eldorado für Wasser- und Waldvögel (etwa 190 Arten, darunter mehrere Reiherarten, Weißer Sichler, Rallenkranich und in den Baumriesen der große Helmspecht), aber auch für Frösche (12 Arten). Fast jedes Jahr brütet hier der Waldstorch in seiner größten Kolonie (Januar bis März). Der Bestand schwankt jedoch erheblich je nach Wasserstand (bis zu 1 000 Storchpaare). Auf umgestürzten Bäumen sonnen sich Alligatoren, Wasserschlangen, darunter auch die giftige Wassermokassin, und Schildkröten.

Der Sumpf ist über einen 3,6 km langen, sehr lohnenden Weg auf Holzsteg zugänglich, der am 🅸 **Besucherzentrum** am Eingang beginnt (Mai–Nov., tgl. 8–17 Uhr, sonst ab 7 Uhr). In einer ausführlichen Broschüre erklärt, geht der Weg durch Elliott-Kiefernbestände mit Sägepalmen im Unter-

Die Lettuce Lakes des urwaldartigen Corkscrew Swamp sind vollständig mit Wassersalat/Water Lettuce bedeckt.

wuchs, blütenreiche Sägegras-Prärie und durch urwaldartige Bestände aus Sumpfzypressen. Die **Lettuce Lakes** sind dicht mit *Pistia*, dem Wassersalat, bedeckt. Von einer Plattform hat man einen Rundblick über die **Central Marsh** aus Schneidengras und Weidengebüschen. Ranger geben Auskünfte und die Fotografiermöglichkeiten vom Steg sind ausgezeichnet. ⌦ Übernachtungsmöglichkeiten gibt es in Naples oder Fort Myers.

Sanibel Island

Obwohl **Sanibel Island** außerordentlich dicht mit Hotels und Ferienanlagen bebaut ist, ist das vielbesuchte ➜ **J. N. »Ding« Darling National Wildlife Refuge** eines der besten Beobachtungsplätze von Wildtieren in Florida. Das Schutzgebiet an der Nordseite der subtropischen Insel umfasst die Sümpfe, Mangroven und Schlickflächen der San Carlos Bay (20 km²) und ist Lebensraum von nahezu 300 Vogelarten und mehr als 50 Reptilien- und Amphibienarten. Das ausgezeichnete ⛨ **Besucherzentrum** an der Rabbit Road bietet Ausstellungen zur heimischen Flora und Fauna.

Es besteht eine hohe Wahrscheinlichkeit, Reiher, Rosalöffler, Pelikane, Fischadler, Scherenschnäbel, Watvögel und Alligatoren zu sehen, wenn man auf dem **Five-Mile Wildlife Drive**, einem Auto-Rundweg, um die von Mangroven gesäumten Stauteiche fährt (8 km). Die Tiere zeigen meist wenig

Sanibel Island am Golf von Mexiko: beliebte Ferieninsel mit ausgezeichneten Muschelstränden.

Scheu, so dass aus dem Auto heraus oder von einem Beobachtungsturm sehr gute Fotografiermöglichkeiten bestehen. Auch zu Fuß kann man das Schutzgebiet erkunden auf dem **Indigo Trail** (ca. 3 km) durch Mangrovebestände oder auf dem **Shell Mound Trail** (0,5 km) zu einem indianischen Muschelhügel. Zwei gekennzeichnete Kanu-Trails bieten eine andersartige Perspektive des Schutzgebietes (Kanuverleih bei Tarpon Bay). Freitags ist der Auto-Rundweg geschlossen. Der **Bailey Tract** im Inneren der Insel ist ein Süßwasser-Feuchtgebiet.

Die Strände der Inseln zählen unter Muschelsammlern zu den berühmtesten der Welt. Besonders im Winter nach stärkeren Winden sind sie überfüllt wie Sanibels **Bowman's Beach** oder **Turner's Beach** am südlichen Inselende von **Captiva Island**. Im **Bailey-Matthews Shell Museum** (3075 Sanibel-Captiva Rd.) bekommt man ökologische Informationen über die etwa 2 Mio. Muscheln aus aller Welt (Di–So 10–16 Uhr). Wichtigstes Ereignis für Muschelliebhaber ist die Sanibel Shell Fair am ersten Wochenende im März.

Die ➜ Sanibel-Captiva Conservation Foundation unterhält eine lohnende Station an der Sanibel-Captiva Road, ca. 1,5 km westlich der Tarpon Bay Road. Im subtropischen Feuchtgebiet am **Sanibel River** führt ein kurzer Weg zu einem 12 m hohen Beobachtungsturm. In der Nähe nistet ein Fischadlerpaar. Der Besucher kann eine informative Ausstellung zur Naturgeschichte der Inseln besichtigen sowie eine Zuchtstation für seltene heimische Pflanzenarten Südfloridas.

Silberreiher auf Beutefang im fischreichen Flachwasser des subtropischen J. N. »Ding« Darling National Wildlife Refuge.

Zentralflorida

Jupiter Island

Zum 5,5 km langen Strand des ➜ Hobe Sound National Wildlife Refuge gelangt man von Hobe Sound auf der SR 708 (Bridge Road) und dann nach links in die Beach Road. Es ist einer der produktivsten Meeresschildkröten-Nistplätze der USA mit mehr als 500 000 geschlüpften Leder- und Suppenschildkröten sowie Unechten Karettschildkröten in guten Jahren.

Der 0,8 km lange **Sand Pine Scrub Nature Trail** durch Sanddünen und Mangrovesumpf zeigt die einheimische Strand- und Küstenwaldvegetation, aber auch eingewanderte Exoten wie den Brasilianische Pfefferstrauch oder Casuarinen. Der Südteil des Reservates ist ein seltener Sand-Kiefernwald. Im angrenzenden Intracoastal Waterway werden regelmäßig Seekühe beobachtet.

Ausgangspunkt der lohnenden nächtlichen Wanderungen (Dauer bis zu 3 h) zur Beobachtung der Eier ablegenden Schildkröten im Juni/Juli ist das **Hobe Sound Nature Center** an der US 1, 3,5 km südlich von Hobe Sound (Voranmeldung erforderlich, s. S.117,14).

Jonathan Dickinson State Park

Dieses landschaftlich sehr reizvolle Reservat 11 km nördlich Jupiter an der US 1 ist bekannt für seinen Vogel- und Fischreichtum. Es umfasst viele seltene Lebensräume wie trockene Kiefernwälder der Atlantikküste und naturnahe Bäche. Der unberührte **Loxahatchee River**, in dem zahlreiche Alligatoren leben, windet sich durch subtropischen Sumpfzypressen- und Mangroven-Sumpf. Schildkröten sonnen sich häufig auf den umgefallenen Bäumen am Wasser und erinnern an den Namen des Flusses: »Loxahatchee« = »Fluss der Schildkröten« in der Sprache der Jobe-Indianer. Skelette von Sumpfzypressenbäumen und Palmettopalmen deuten auf den zunehmenden Salzgehalt des Wassers hin, eine Folge des absinkenden Grundwasserspiegels. Besonders zu empfehlen sind Bootsfahrten mit dem Kanu oder mit dem Ausflugsboot »Loxahatchee Queen« flussaufwärts zur Hütte von Trapper Nelson aus den 30er Jahren (**H** Besucherzentrum Tel. (407) 746-1466) oder flussabwärts in Richtung Ozean. Der **Sand Pine Nature Trail** (Anfangsabschnitt des Florida Trail) beginnt am Nordende des Parkplatzes in der Nähe des Eingangs (0,6 km) und führt durch Kiefern- und Mischwälder. Ein weiterer kurzer Weg endet am **Hobe Mountain** mit einer Aussichtsplattform. Auch am großen Picknickplatz am Fluss (8 km vom Eingang am Ende der Parkstraße) beginnen weitere Naturpfade. Es gibt **⚑** Campingbereiche unter einem schattigen, aber nicht natürlichen Bestand

◁ Der malerische Loxahatchee River ist von dichtem Kiefern- und Palmettowald gesäumt.

Braunpelikan/Brown Pelican im Brutkleid; der populärste ▷ Küstenvogel Floridas wird zunehmend seltener.

aus Casuarinen in der Nähe der US 1 und am Fluss in Kiefernwald. Hier kann man auch in klimatisierten **⇌** Blockhütten übernachten (s. S.117,16).

Indian River

Die **→** Fort Pierce Inlet State Recreation Area auf **Hutchinson Island** am Atlantischen Ozean ist ein besonders an Wochenenden beliebter Strandpark. Das Vogelschutzgebiet **Jack Island** kann auf einem 7 km langen Wanderweg umrundet werden. Auf dem Festland bei **Fort Pierce** (nördlich Moore's Creek) befindet sich das **H** Manatee Observation and Education Center am örtlichen Kraftwerk, in dessen Warmwasserkanal sich im Winter die Seekühe versammeln. Ab und zu sieht man, wie sie ihre Nasen aus dem Wasser recken, um Luft zu holen.
Weiter nördlich auf **Orchid Island** ist die **→** Sebastian Inlet State Recreation Area (24 km südlich von Melbourne Beach an der SR A1A) ein beliebtes Gebiet zum Baden und Fischen und daher oft überfüllt. Der ca. 5 km lange Strandabschnitt des kleinen

Parks mit ▲ Campingplatz ist ein bekannter Eiablageplatz für Meeresschildkröten, die auf geführten Nachtwanderungen beobachtet werden können.

Das älteste Naturschutzgebiet Floridas (seit 1903), ➜ Pelican Island National Wildlife Refuge im Indian River bei Sebastian, wurde zum Erhalt einer großen Kolonien des Braunpelikans gegründet. Die Insel darf während der Brutzeit nicht betreten werden, die nistenden Pelikane, Reiher und Waldstörche können aber vom Boot aus beobachtet werden (River Queen Cruises, 1606 Indian River Drive in Sebastian, Tel. (407) 589-6161).

Lake Kissimmee

Der große und landschaftlich ausgesprochen vielfältige ➜ Lake Kissimmee State Park besteht aus einem Mosaik feuchter Prärien, die im 19. Jh. als Weideland genutzt wur-

den. Von der SR 27 in Lake Wales erreicht man den Parkeingang auf der SR 60, Boy Scout Road, und dann nach rechts über die Camp Mack Road (ca. 30 km). **Lake Kissimmee**, der drittgrößte See Floridas, und seine Ufer sind einer der besten Plätze in Florida, um Weißkopfseeadler zu sehen; auch die seltene Schneckenweihe brütet hier gelegentlich. In den feuchten Prärien leben Kanadakranich, Waldstorch und der seltene Karakara.

Vom Bootshafen erreicht man durch einen schönen Eichenbestand, dessen ausladende Äste dicht mit Louisiana-Moos bewachsenen sind, einen Beobachtungsturm, von dem man eine gute Übersicht über den weitläufigen See hat. In der Nähe befindet sich der ▲ Campingplatz. **Flatwoods Pond Nature Trail** (ca. 0,8 km) und **Buster Island Trail** (10,8 km) führen durch schattigen Kiefern- und Eichenmischwald, in dem früher Terpentin aus Kiefernharz gewonnen wurde. Hier kommt das seltene Fuchshörnchen vor und der Weißkopfseeadler brütet in der Nähe. An Wochenenden und in den Ferien

Unberührte Flüsse und feuchte Prärien sind charakteristisch für den artenreichen Lake Kissimmee State Park.

werden am **Cow Camp** aus dem Jahre 1876 interessante Vorführungen und Informationen über das Leben der Cowboys geboten. Eine der wenigen verbliebenen Herden alter Haustierrassen, »scrub horses« und »longhorned cattles", wird im Park gehalten.

Auf der Ostseite des Lake Kissimmee wird versucht, in den Schutzgebieten ➜ Three Lakes Wildlife Management Area und ➜ Prairie Lakes Unit einen der ursprünglichsten und am dünnsten besiedelten Landstriche Floridas zu erhalten. Mit mehr als 150 Revieren ist hier die Konzentration des Weißkopfseeadlers in den USA südlich von Alaska am höchsten. Das Mosaik aus trockenen und feuchten Prärien sowie endlosen Kiefernwäldern wird durch gezielte Regulierung der Wasserstände und mittels Feuer erhalten. Für den Schreikranich, der in Florida ausgestorben war, wird ein Wiedereinbürgerungsprogramm durchgeführt.

Man erreicht das abgelegen Gebiet auf der SR 523 (Canoe Creek Road) von Kenansville in Richtung Nordwesten. Der Eingang der Prärie Lakes Unit befindet sich auf der linken Straßenseite (ca. 15 km, ungeeignet für Wohnmobile!). Gesperrte Flächen und Gebiete um Adlerhorste beachten sowie Besuche zur Jagdsaison im Winter vermeiden!

Highlands Hammock State Park

Die ursprünglichen Wälder des State Park bilden eine Insel in dem zunehmend dichter besiedelten Gebiet 6,4 km westlich von Sebring (US 98 und SR 634). Schöne Baumbestände mit alten, epiphytenbeladenen Eichen und Zypressen und zahlreichen subtropische Pflanzenarten, darunter auch einer der wenigen verbliebenen Elliott-Kiefern-/Palmettopalmen-Mischwälder Floridas haben sich hier erhalten. In den

Blaublühende »Pickerel Weed« an einem der zahlreichen Seen in der Prairie Lakes Region.

![Das Propellerboot »Gator Gal« startet zu einer Rundfahrt auf dem Upper Myakka Lake.]

Das Propellerboot »Gator Gal« startet zu einer Rundfahrt auf dem Upper Myakka Lake.

1930er Jahren wurde hier einer der letzten, heute ausgestorbenen Elfenbeinspechte Floridas beobachtet. Überall sind Spuren von Wildschweinen und Gürteltieren zu sehen. Die Weißwedelhirsche des Parks zeigen wenig Scheu.

Ein guter Führer über die zahlreichen Wanderwege ist am Besucherzentrum erhältlich. Auf dem lohnenden **Cypress Swamp Trail**, einem schmalen Holzsteg, durchquert man einen urwaldartigen Zypressensumpf (ca. 700 m). Alligatoren sind hier häufig. Der **Big Oak Trail** (300 m) führt zu einem Bestand riesiger, teilweise 800–1 000 Jahre alter Eichen. An der Rangerstation kann man sich Fahrräder ausleihen. Im Winter ist der **⚑** Campingplatz oft vollständig belegt.

⟨19⟩

Myakka River State Park

Der State Park, 27 km südöstlich von Sarasota (I-75, Ausfahrt 37, an der SR 72), ist eines der ältesten und größten Reservate Floridas. Der naturbelassene **Myakka River** schlängelt sich durch eine vielfältige subtropische Landschaft aus Palmenwäldern, Seen und feuchten Grasländern. Zur außerordentlich vielfältigen Fauna zählen Otter, Kanadakranich, Waldstörche und Fischadler, eine große Alligatorpopulation und 37 weitere Reptilienarten. Das kleine **H** Besucherzentrum bietet eine Ausstellung über Lebensräume, Tiere und Pflanzen im Park.

Hinter dem ⚑ **Old Prairie Campground** (Übernachtung auch in ⇔ Blockhütten, s. S.117,18) beginnt ein 1 km langer, ausgeschilderter Rundweg durch Eichen- und Palmettopalmen-Wald. Am **Bird Walk**, ca. 2,5 km östlich des ⚑ **Big Flats Campground,** ragt ein 120 m langer Holzsteg in den **Upper Myakka Lake** hinein, an dem zahlreiche Wasservögel wie der Rallenkranich leben. Die Myakka Wildlife Tours bieten 1-stündige Fahrten mit großen Propellerbooten auf dem See an (Tel. (941) 365-0100), alternativ kann man auf dem Fluss ausgedehnte Kanufahrten unternehmen (Bootsverleih). In der feuchten Saison von Juni bis Oktober können die Parkwege überflutet sein.

Der westlich gelegene kleinere ➜ <u>Oscar Scherer State Park</u> (3 km südlich Osprey an der US 41) ist einer der besten Plätze in Westflorida, um gefährdete Buschhäher und Weißkopfseeadler zu sehen. Vom Parkplatz an der Nordseite des **Lake Osprey** führt ein Wanderweg in die gebüschreichen Mischwälder des Reservates, die durch regelmäßige, kontrollierte Brände erhalten werden. Familienverbände der Buschhäher kommen oft dicht an die Besucher heran. Vögel nicht füttern! Am **South Creek** in der Nähe des ⚑ Campingplatzes führt ein Naturpfad am Ufer entlang

In Sarasota besuchenswert sind die tropischen ➜ <u>**Marie Selby Botanical Gardens**</u> (811 S. Palm Ave.), die auf Epiphyten, blühende Orchideen und Bromelien spezialisiert sind (**Tropical Display House**). Ein eindrucksvoller Banjanbaum-Wald, das Kakteenhaus, ein mit Sumpfzypressen bestandener »Waterfall Garden« und der blütenreiche Schmetterlingsgarten sind schön gestaltet (tgl. 10–17 Uhr).

Der Sumpfwald aus Eichen und Palmetto-Palmen am Myakka River wird im Sommer regelmäßig überflutet.

Tampa/St. Petersburg und Umgebung

Tampa ist das wirtschaftliche Zentrum an der Westküste Floridas, wird aber zunehmend auch für Touristen attraktiver gestaltet. Dazu trägt das 1995 eröffnete ➜ <u>Florida Aquarium</u> ① (701 Channelside Dr.) an der Hillsborough Bay bei, das zu den besten im Südosten der USA zählt. In zahlreichen

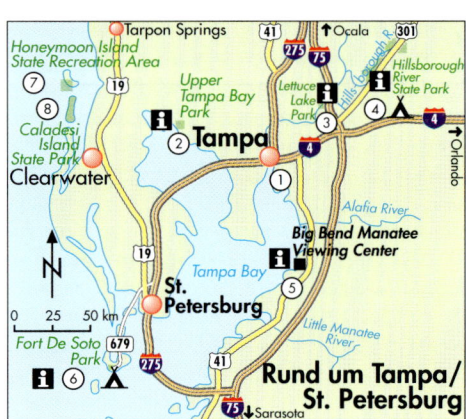

Schalen der urtümlichen Pfeilschwanzkrebse/Horseshoe Crabs werden am Strand des Fort DeSoto County Parks bei St. Petersburg häufig gefunden.

großen Schaubecken, die natürliche Ökosysteme nachbilden, werden die Wassertiere von Kalksteinhöhlen und Quellen, von Flüssen und Seen, der Everglades sowie des Meeres gezeigt (tgl. 9-18 Uhr).

In der Umgebung der Stadt gibt es mehrere kleinere Schutzgebiete, die die Überreste der Naturlandschaften an der Westküste erhalten sollen. Hierzu zählt der empfehlenswerte ➜ <u>Upper Tampa Bay County Park</u> ② in sonst unzugänglichen Salzwiesen und Mangroveflächen. Das 🅷 Besucherzentrum bietet einen guten Überblick über die Geschichte und Ökologie des Parks. Der **Lettuce Lake Regional Park** ③ umgibt einen seeartigen, flachen Abschnitt des **Hillsborough River** nordöstlich von Tampa. Ein Holzsteg (ca. 1 km) mit hohem Beobachtungsturm durchquert einen schönen Zypressensumpf am Ufer des Gewässers. Der Park ist sehr populär und an Wochenenden schnell überfüllt. Der ➜ <u>Hillsborough River State Park</u> ④ liegt ca. 19 km nördlich von Tampa. (über I-75, Ausfahrt 54, SR 582 und US 301). Die abwechslungsreichen Laubwälder sind attraktiv zum Wandern, jedoch oft feucht und dann schwer passierbar. **Fort Foster** aus dem Zweiten Seminolenkrieges (1836) wurde naturgetreu rekonstruiert und kann besichtigt werden. Übernachtungen sind auf einem ▲ Campingplatz möglich, ein separater Schwimmbereich lädt zum Baden ein.

Südlich der Stadt in dem Warmwasser-Ausflusskanal des Kraftwerks der Tampa-Electric Company bei Apollo Beach finden Seekühe ein Überwinterungsgebiet. Je kälter die Witterung im Winterhalbjahr ist, umso mehr Manatees sind im Kanal zu finden. Am ➔ Big Bend Manatee Viewing Center ⑤ (zu erreichen über die CR 672 - Big Bend Road; Dez. bis März) halten sich bis zu 120 dieser Tiere gleichzeitig bei kühler Witterung auf, die man von einer Plattform und einem Steg ausgezeichnet beobachten kann.

Der ➔ Fort DeSoto County Park ⑥ auf Mullet Key am Südende von St. Petersburg ist ein populäres Erholungsgebiet mit schönen Sandstränden und ein bei Ornithologen bekannter Beobachtungsplatz für Zugvögel, besonders im Frühjahr. An den beiden Angelpiers warten Braunpelikane, Reiher und manchmal Fischadler auf Beute. Ganzjährig segeln Prachtfregattvögel über der Insel. Unechte Karettschildkröten kommen von Juni bis Juli zur Eiablage an den Strand. Im **⌂ Besucherzentrum** ist eine Vogel-Checkliste (283 Arten) mit Karte und Lage der 12 besten Beobachtungspunkte erhältlich. Die Mangroven-, Palmen- und Laubwaldbestände der Insel sind teilweise durch riesige Parkplätze vor den 11 km langen Stränden und dem großen ⛺ Campingplatz verdrängt worden. Die Reste des **Fort de Soto** mit Kanonen aus dem Jahr 1898 können besichtigt werden.

Clearwater und Umgebung

Hauptanziehungspunkte von Clearwater und der angrenzenden Gemeinden sind das angenehme Klima und die schönen Strände, die zum Baden einladen. Vielbe-

suchtes Erholungsgebiet ist **Honeymoon,** eine typische, der Golfküste vorgelagerte Nehrungsinsel mit weißen Sandstränden auf der Golfseite (US 19 und Curlew Road, SR 586, ca. 5 km nördlich von Dunedin). Bereits am Damm, der zur Insel führt (Dunedin Causeway), lassen sich zahlreiche Wat- und Seevögel beobachten wie Austernfischer und Scherenschnäbel.

Der naturbelassene nördliche Inselabschnitt der ➔ Honeymoon Island State Recreation Area ⑦ ist der Ausgangspunkt zweier Naturpfade. Der **Pelican Cove Trail** verläuft parallel zum muschelreichen Strand und an einer Lagune entlang. Im Frühjahr und Sommer nisten hier Seevögel wie Scherenschnäbel und Braunmantel-Austernfischer (Brutbereiche gesperrt!). Der **Osprey Trail** durchquert einen ursprünglichen Elliott-Kiefernbestand, der durch gezieltes Feuermanagement erhalten wird. Bei Stopp 5 befindet sich ein Fischadlerhorst in einer toten Kiefer. Begegnungen mit Klapperschlangen und Gopherschildkröten, die an den gelb blühenden Opuntien fressen, sind möglich.

Von Honeymoon aus lohnt eine Fahrt mit der Fähre vom Steg am Ende des Dunedin Causeway zum ➔ Caladesi Island State Park ⑧ (Fahrzeit 12 min; vom Festland ab Clearwater, Drew Street Dock am Coachman Park, 30 min Fahrzeit). Die Strände der weitgehend unberührten und unbesiedelten Insel zählen zu den besten zum Schwimmen, Sonnenbaden und Muschelsammeln an der südlichen Golfküste. Der **Island Nature Trail** (ca. 5 km) führt durch Laub- und Kiefernwald, am Strand entlang und durch dichte Mangroven. Wanderungen mit Führer werden im Sommer zu den Eiablageplätze der Unechten Karettschildkröte angeboten. Schwierigkeiten gibt es mit der schnellen Ausbreitung exotischer Pflanzen wie Casuarinen und Brasilianischem Pfefferstrauch, die die heimische Vegetation verdrängen.

Homosassa

Zentrum des ➔ <u>Homosassa Springs State Wildlife Park</u> (US 19/98 südlich CR 490A) in Homosassa Springs ist eine große natürliche Quelle, die aus 14 m Tiefe den Homosassa River mit 330.000 l kristallklarem Wasser pro Minute speist. Im Quellablauf werden unter natürlichen Bedingungen Seekühe gepflegt, die meist von scharfkantigen Schiffsschrauben verletzt wurden. Nach der Genesung werden sie wieder in die Freiheit entlassen. Der Fluss ist leicht salzhaltig, so dass regelmäßig Hunderte von Salz- und Süßwasserfischen (35 Arten) durch die großen Glasfenster des Unterwasserhauses (»Fish Bowl«) auf kurze Entfernung beobachtet werden können.

Die in Gefangenschaft gehaltenen Tiere sind vor allem heimische Arten, die in Vorträgen und Vorführungen von Rangern vorgestellt werden. Eine besondere Attraktion ist die Fütterung der Seekühe. Auf dem angrenzenden idyllischen **Pepper Creek** kann man Bootstouren mit Pontonbooten unternehmen.

Auch im ➔ <u>Crystal River National Wildlife Refuge</u> an der US 19 (11 km nördlich von Homosassa) ziehen sich besonders von Januar bis März Seekühe aus dem Golf in den wärmeren **Crystal River** zurück. Das klare Quellwasser der **Kings Bay** eignet sich hervorragend zum Schnorcheln oder Tauchen und man kann im Winter sogar mit den Manatees schwimmen. Nur im Zentrum des Schutzgebietes (Manatee Sanctuary) sind Aktivitäten im Wasser untersagt. Das Florida Manatee Festival im Februar soll die Auf-

Seekühe aus dem Golf von Mexiko sammeln sich im Winter im warmen Wasser der Homosassa Springs.

merksamkeit auf die bedrohten Seekühe lenken. Nahebei liegt die → Crystal River State Archaeological Site mit einem **Museum**, das über die Kultur der indianischen Ureinwohner informiert. Die indianischen Muschelhügel zählen zu den höchsten in Florida. 450 bisher archäologisch ausgewertete Gräber deuten auf Verbindungen zu den Maya in Mexiko und mit indianischen Stämmen bis zum Mississippi hin.

Withlacoochee State Forest

Das große Waldgebiet bei Brooksville unterteilt sich in vier getrennte Abschnitte, die kreuz und quer von Wanderwegen und Forststraßen durchzogen sind. Der kleine Bereich der Hauptverwaltung (**⊞ Forestry Center**, s. S.117,22) liegt an der SR 41, 13 km nordöstlich von Brooksville (nördlich der CR 476). Hier zweigt ein Weg in die **McKethan Lake Recreation Area** ab, in der Besucher auf einem landschaftlich reizvollen Naturpfad durch Kiefern- und Laubwälder um den See wandern können. Der nördlich gelegene **Citrus Tract** ist eine leicht hügelige Gegend mit Kiefern- und Eichenwäldern. In der **Colonel Robins Recreation Area** sind an einem Naturlehrpfad die wichtigsten Baumarten gekennzeichnet. Das seltene Östliche Fuchs-Eichhörnchen kommt verbreitet vor, auch Spuren von Schwarzbären sind regelmäßig zu sehen. Ähnliche Lebensräume finden sich in der **Croom Reservation**. Lohnenswert ist eine Kanufahrt auf dem schönen Flusslauf des **Withlacoochee Rivers**, der von malerischen Sumpfzypressen gesäumt ist. Teilweise wird die Fahrt durch Stromschnellen und hohe Wellen erschwert. **⚑** Campingplätze und Badestellen gibt es in der **Silver Lake**

Recreation Area. Viele Forststraßen sind besonders im feuchten Sommer ohne ein vierradgetriebenes Fahrzeug nicht passierbar.

Umgebung von Orlando

Unter den zahlreichen Vergnügungs- und Tierparks um Orlando seien hier nur zwei erwähnt. Im → Reptile World Serpentarium (an der US 192, 6,5 km östlich von St. Cloud; Mo–Do und Sa 9–17, Fr 9–21, So 12–17 Uhr) erfährt man alles über Schlangen, Alligatoren und Schildkröten. → Sea World, eines der großen Vergnügungsareale und der größte Meerespark in Florida (Kreuzung von I 4 und SR 528 – Beeline Exwy.) ist berühmt für seine zahlreichen Attraktionen mit dressierten Delphinen, Ottern und Schwertwalen. Für Seekühe wurde ein geschütztes Refugium eingerichtet, und sie können in einem riesigen Becken ausgezeichnet beobachtet werden (tgl. 9–19 Uhr).

Die seenreiche Landschaft in der Umgebung Orlandos bietet auch einige Natursehenswürdigkeiten. Nördlich Apopka ist der landschaftlich ausgesprochen vielfältige → Wekiwa Springs State Park (SR 436, Wekiwa Springs Road) einen Besuch wert. In den feuchten Bodensenken stehen Sumpfzypressen sowie Laubwälder aus Tupelobaum, Rotahorn und Amerikanischem Amberbaum. Auf den höher gelegenen und trockeneren Flächen wachsen ausgedehnte Mischwälder aus Elliott-Kiefern, Eichen und Sägepalmen, die man auf Naturpfaden durchwandern kann. Unter der vielfältigen Fauna ist besonders das Vorkommen des Schwarzbären bemerkenswert. Die trockenen Sandböden im Bereich der **Sand Lake Picnic Area** sind Lebensraum sehr seltener Arten wie Florida-Maus, Florida-Doppelschleiche und Florida-Sandskink. Die

Quelle des Wekiwa River, etwa 1 km vom Campingplatz entfernt, ist im Sommer ein sehr beliebtes Ausflugsziel. Der Badeplatz hat ganzjährig 20–22 °C warmes, klares Wasser. Den naturnahen Fluss kann man auf gemieteten Kanus erkunden.

<25>

Canaveral National Seashore

Die wunderschönen Strände und Dünen des ➜ Canaveral National Seashore, die längsten in Florida (39 km), erstrecken sich auf einer Landzunge südlich von New Smyrna Beach (SR A1A) bis zum Kennedy Space Center (im Norden **Apollo Beach** und im Süden **Playalinda Beach** östlich Titusville, SR 402). Die binnenseits gelegene, von Mangroven und Salzmarschen eingefasste **Mosquito Lagoon** ist im Winter eines der wichtigen Wasservogelrastgebiet Floridas. 700

Pflanzenarten wachsen im Gebiet, unter denen besonders zahlreiche Opuntien mit leuchtend gelben Blüten auffallen. Der Strand dient im Sommer beachtlichen 3000–4000 Meeresschildkröten (Unechten Karettschildkröten und Suppenschildkröten) als Nistplatz.

◁ Die Sümpfe mit subtropischen Bauminseln/Hammocks im Merritt Island National Wildlife Refuge sind ein Paradies für Wasservögel.

Mangroven erreichen in der Mosquito Lagoon des Canaveral National Seashore die Nordgrenze ihrer Verbreitung. ▷

Im Norden gibt es drei kurze Rundwege: **Turtle Mound** ① (0,4 km) durch Eichen-Laubwald mit einem Panoramablick von einem 15 m hohen indianischen Muschelhaufen. Die gewaltigen Mengen von Muschelschalen der über 100 Hügel im Gebiet häuften hier Timucuan- und Surreque-Indianer zwischen 600 und 1200 n. Chr. an. **Castle Windy** (1,5 km) führt zur Mosquito Lagoon, und **Eldora Hammock** (0,8 km) in der Nähe des 🄷 Besucherzentrums ② am Apollo Beach quert dichten Küstenhartholzlaubwald.

Das benachbarte ➜ Merritt Island National Wildlife Refuge ist eines der ergiebigsten Wildtierbeobachtungsgebiete Floridas (570 km²). Über die Hälfte des Schutzgebietes liegen in Salzwiesen und von Mangroven eingerahmten Ästuaren. Die übrige Fläche nehmen Palmenbestände, Laub- und Kiefernwälder ein. Mehr als 300 Vogelarten brüten oder rasten in den Sümpfen und Wäldern am Indian River und der Mosquito Lagoon, darunter im Winter über 70 000 Enten und 100 000 Blässhühner aus dem östlichen- und zentralen Nordamerika. An den Straßenrändern sieht man häufig Gürteltiere nach Insekten graben.

Man erreicht das 🄷 Besucherzentrum ③ von der I-95, Exit 80, über die SR 406 – Titusville – und SR 402 (8 km). Mehrere Naturpfade, die im Sommer auch überflutet sein können, ermöglichen Blicke über die Salzwiesen bis zu den Startrampen der Space Shuttles und Raketen des **Kennedy Space Centers** (**Oak Hammock Trail**, 0,8 km; **Palm Hammock Trail**, 3 km ④). Vor Starts der Raumfähren wird die Straße zum Strand regelmäßig gesperrt!

Höhepunkt ist der **Black Point Wildlife Drive** ⑤ (ca. 11 km; SR 406 östl. der Abzweigung von der SR 402). Hier kann man hervorragend Wat- und Wasservögel aus geringer Entfernung aus dem Auto beobachten und fotografieren. An der Einfahrt ist eine Broschüre erhältlich. Der **Cruickshank Trail** bei

Stopp 8 des Black Point Wildlife Drive geht an von Mangroven gesäumten Teichen entlang durch Salzwiesen (8 km). Von einem Beobachtungsturm hat man einen weiten Blick über die Salzmarschen auf Waldstörche, Pelikane, Reiher, Sichler, Enten und Möwen.

Auf dem Festland im Südosten von Titusville am Ufer des St. Johns River ist das ➜ Tosohatchee State Reserve ⑤, ein wenig erschlossenes, lohnendes Gebiet mit ursprünglichen Wäldern und Sümpfen (SR 50 in Christmas auf der Taylor Creek Road ca. 5 km). Am Eingang an der Bee Head Road gibt es Übersichtskarten mit Hinweisen auf Wanderwege. In Titusville gibt es eine Vielzahl von Übernachtungsmöglichkeiten.

⟨26⟩

Blue Spring State Park

In kalten Wintermonaten konzentrieren sich im Quellbereich der **Blue Spring** die gefährdeten Seekühe in großer Zahl (von der US 17/92 über French Avenue in Orange City). Der kristallklare Quelltopf entlässt etwa 380 Mio. l Wasser pro Tag mit einer Temperatur von konstant 22 °C. Der angrenzende St. Johns River ist jedoch im Winter mit 15 °C oder weniger deutlich kühler. Die Seekühe verlassen daher den Fluss, um Schutz im Quellablauf zu suchen. Im Winterhalbjahr werden von Rangern Vorträge über Leben und Schutz der Manatees angeboten. Die Quelle, die ein schöner, subtropischer Laubwald mit dichtem Palmenunterwuchs umgibt, ist im Sommer ein sehr beliebter Badeplatz. Taucher versuchen, in den großen Quelltrichter hinein zu gelangen. Der **Pine Island Hiking Trail** führt 6,5 km durch Kiefern- und Eichenwälder. An Wochenenden und in den Sommermonaten ist das Gebiet oft stark überlaufen. Von der Hontoon Landing Marina (außerhalb des Parks) kann man Bootstouren auf dem St. Johns River unternehmen. Der ⚑ Campingplatz und die ⇋ klimatisierten Hütten sind oft vollständig belegt, so dass eine Reservierung empfehlenswert ist (s. S.117,9).

Der Quellablauf der Blue Spring mündet in den St. Johns River, den größten Fluss im Nordosten Floridas.

Taucher erkunden den kristallklaren Quelltrichter der waldgesäumten Blue Spring.

Gigantische Quellen

Die Quellen Floridas zählen zu den größten der Welt. Sie verdanken ihre Entstehung dem kalkigen Untergrund, der porig wie ein Schwamm und mit Wasser vollgesogen ist. Alle Quellseen sind sogenannte artesische Quellen. Der aktive Wasseraustritt wird erzeugt, indem es in den mit Wasser gefüllten, schräggestellten Schichtfugen des Untergrunds zu Druckgefällen kommt. In den Wänden am Grund des Quelltrichters sind Löcher, aus denen das etwa 25 °C warme Wasser zum Teil mit heftigem Druck hervorquillt. Die aus den unterirdischen Höhlensystemen ausströmende Wassermenge kann in den größten Quellen wie Wakulla Springs mehrere tausend Liter pro Sekunde erreichen. Unter der Erde kann man mit einer speziellen Tauchausrüs-

tung von Quelltrichter zu Quelltrichter schwimmen – keine ungefährliche Angelegenheit.

Die Abläufe vieler Quellen münden bald ins Meer. Tritt auch im Mündungsbereich Süßwasser aus dem porösen Untergrund, werden die unterschiedlichen Salzkonzentrationen des Meer- und Süßwassers für das Auge in Form von Schlieren sichtbar. In den meernahen Karstquellen wie im Crystal River oder Homossassa River finden wir Organismen, die sich dem schwankenden Salzgehalt anpassen können. Dazu gehören Seekühe und verschiedene Fischarten. Sie finden hier besonders in der kalten Jahreszeit günstige Lebensbedingungen: nährstoffreiches Wasser mit einer konstanten Temperatur von 23–25°C, während im Golf von Mexiko die Winterstürme toben.

Nordflorida

Lake Woodruff

Das weniger bekannte, aber sehr lohnende ➜ Lake Woodruff National Wildlife Refuge am Oberlauf des St. Johns River erreicht man von der US 17 in De Leon Springs in Richtung Westen auf der Retta Street bis zur Grand Avenue (CR 4053). Der öffentlich zugängliche Teil erstreckt sich 1,5 km westlich der Mud Lake Road. Man gelangt an einen kleinen Parkplatz, hinter dem mehrere Stauteiche liegen, umgeben von Wanderwegen auf den Deichen, mit Beobachtungsturm. Brutvögel sind Weißkopfseeadler, zahlreiche Fischadler und Reiher sowie der Rallenkranich. Enten und Blässhühner überwintern zu Tausenden. Alligatoren und Schlangen sind häufig. Zwei kürzere Wanderwege führen durch den angrenzenden Mischwald und Hammocks. Die Zufahrt ist nur eingeschränkt für größere Wohnmobile geeignet.

Am Nordrand des Gebietes bietet die kühle artesische Quelle in der ➜ De Leon Springs State Recreation Area (72 Mio. l Wasser pro Tag) einen idyllischen Bade- und Picknickplatz mit Restaurant und Kanuverleih (US 17). Im Frühjahr lohnt ein Abstecher nach ➜ Ravine State Gardens bei Palatka in denen über 100 000 Azaleen blühen. Spazierwege führen in bis zu 36 m tiefe Schluchten (tgl. 8–16 Uhr).

Die Gewässer am Lake Woodruff bei De Leon Springs eignen sich hervorragend für Tierbeobachtungen.

Ocala National Forest

Ocala ist der älteste National Forest im Osten der USA (1 530 km²) und mit 2 Mio. Besuchern pro Jahr auch einer der beliebtesten. Zwischen **Oklawaha River** im Westen und St. Johns River im Osten erstrecken sich auf den tiefen, sandigen Böden riesige Kiefern- und Eichenwälder und dichtes Buschland mit Sand-Kiefern (»Big Scrub«, 800 km²). Dazwischen liegen die Hauptattraktionen: über 600 schöne Seen und riesige, rund 22 °C warme Quellen, in denen man hervorragend schwimmen kann, sowie zahlreiche Wasserläufe, die man mit dem Kanu befahren kann. Die Vielfalt an Wassertieren ist groß, darunter Alligatoren, zahlreiche Schildkröten und Fische. Gute Beobachtungsplätze von Weißkopfseeadlern und Wasservögeln liegen am Oklawaha River östlich Lake Weir (**Sunnyhill Restoration Area** ①), am **Rodman Dam** im Norden ② und am **Lake George** ③. Viele Gopherschildkröten und die größte Population des gefährdeten Buschhähers leben in den Sandgebieten im Westen des Waldgebietes (z. B. Hughes Island, FR 88 ④) Haupt-Touristenattraktion sind die ➜ <u>Silver Springs</u> ⑤ östlich von Ocala, eine der größten Quellen der Welt mit etwa 4 Milliarden Liter kristallklarem Wasser pro Tag. Glasbodenboote befahren den von Sumpfzypressen gesäumten Silver River. Eine sogenannte »Jungle Cruise« führt durch einen der unvermeidlichen Zoos. An den Naturpark grenzt ein Wasservergnügungspark.

Es gibt drei Besucherzentren, in denen Broschüren, Karten und Campingplatzinformationen erhältlich sind. An der Westgrenze des Waldes befindet sich das ◫ **Ocala Visitor Center** (SR 40; s. S.117,17). Die Quelle ➜ <u>Juniper Springs</u> ⑥ (SR 40; 35 km östlich von Ocala) formt ein natürliches Becken zum Schwimmen und Tauchen. Der schöne **Juniper Springs Run** kann von einer Wassermühle aus mit dem Kanu befahren werden, oder man wandert einen Pfad am Ufer entlang durch üppige subtropische

In Kiefernwäldern breitet sich nach Waldbränden ein dichter Unterwuchs aus scharfkantigen Sägepalmen aus.

Wälder zu den naturbelassenen **Fern Ham-mock Springs**. Das ■ **Salt Springs Visitor Center** ⑦ im Norden erreicht man über die SR 19. Die kristallklaren Quellen sind salzhaltig und beherbergen große Fischschwärme. ➔ <u>Alexander Springs</u> ⑧ (CR 445 zwischen SR 40 und SR 19) sind ein beliebtes Ziel für Wasserfreunde. Der **Timucuan Indian Trail** gibt Informationen über das Leben der Ureinwohner im Waldgebiet (2 km). Zu empfehlen ist eine Kanufahrt auf dem 11,3 km langen Quellablauf bis zur FR 552. Das **Lake Eaton Sinkhole** ⑨, eine natürliche Bodensenke, weist eine dichte Vegetation aus Farnen, Palmen und subtropischen Gehölzen auf, die man über Holztreppen erkunden kann (FR 79, südlich CR 314). Es gibt ⚑ über 50 Campingplätze (vor allem Juniper Springs, Salt Springs, Fore Lake, Lake Eaton, Alexander Springs, Lake Dorr, Clearwater Lake) mit Badeplätzen und zahlreichen Wanderwegen. Viele Forstwege sind besonders nach Regenfällen nur mit geländegängigen Fahrzeugen befahrbar. Weitere ⌂ Übernachtungsmöglichkeiten bietet z. B. Silver Springs.

Umgebung von St. Augustine

Bereits 1513 soll der spanische Konquistador Ponce de Leon in der Nähe von St. Augustine in Florida gelandet sein. Nördlich von dem im spanischen Kolonialstil restaurierten St. Augustine mit dem historischen **Castillo de San Marcos** erstreckt sich der Küstenstreifen des ➔ <u>Guana River Wildlife Management Area and State Park.</u> Es gibt mehrere Zugänge von der SR A1A zu dem besonders bei Anglern beliebten Guana Lake auf der Binnenseite und zu den 16 km langen, schönen Sandstränden auf der Ostseite.

Südlich von St. Augustine liegt die ➔ <u>Alligator Farm</u> (Anastasia Blvd., SR A1A, tgl. 9–17 Uhr), die Krokodile und Alligatoren aus aller Welt beherbergt. Die Panzerechsen werden hier bereits seit 1893 gezüchtet. Es lohnt sich den Park zwischen März und Mai aufzusuchen, zur Brutzeit der 7 hier vorkommenden Reiherarten. Die Nester der Kolonie werden auf Bäumen und Büschen unmittelbar neben den Wegen an den Teichen angelegt.

23 km südlich an beliebten Strandgebieten wie Anastasia State Recreation Area oder Crescent Beach vorüber, auf der Westseite der SR A1A liegt der Parkplatz zum ➔ <u>Fort Matanzas National Monument</u>. Hier beginnt ein 1 km langer Naturpfad auf Holzstegen durch dichten Laubwald mit Sägepalmen im Unterwuchs am Matanzas River entlang. Auf einer kostenlosen Fahrt zu dem kleinen Fort aus dem Jahr 1742 auf Rattlesnake Island schwimmen oft Delphine (Großer Tümmler) im Kielwasser des Bootes und über dem Fluss kreisen Weißkopfseeadler.

Auf Holzstegen zum Schutz der Dünenvegetation ▷ erreicht man die weiten Strände des Guana River State Parks.

30

Umgebung von Jacksonville

Im Nordosten Jacksonvilles informiert das gut gestaltete Besucherzentrum des ➜ <u>Fort Caroline National Memorial</u> (über Caroline Rd. nördlich der US 10) über die Geschichte der Indianer und des Forts der französischen Hugenotten. Durch die rekonstruierten Wälle am St. Johns River werden Führungen angeboten (tgl. 9–17 Uhr). Westlich dehnt sich die ➜ <u>Theodore Roosevelt Area</u> aus mit einem Beobachtungsturm, von dem man einen weitem Blick über die Sumpfgebiete am Fluss hat, wo Reiher, Braunpelikane und Waldstörche vorkommen. Es ist ein Teil des **Timucuan Ecological and Historical Preserve**, einem ausgedehnten Sumpf- und Waldgebiet, das bis zum Nassau River im Norden reicht. Die Timucuan Indianer hinterließen hier auf einer Fläche von 2 ha große Muschelhügel (s. auch S. 10).

31

Little Talbot Island

Little Talbot Island südlich Fernandina Beach hat ausgezeichnete, 8,8 km lange, breite Sandstrände mit hohen Dünen, die im Sommer zum Baden und Wandern einladen. Ein idealer Ausgangspunkt ist der ➜ <u>Little Talbot State Park</u> (SR A1A) nördlich von Mayport. Gegenüber dem Eingang erstreckt sich ein dichter Hartholzlaubwald mit Campingplatz. Die Eichen und Zypressen sind einige hundert Jahre alt, landeinwärts liegen Salzwiesen, die von Tidebächen durchschnitten werden. Auch der ➜ <u>Huguenot Memorial Park</u> (SR A1A) gegenüber der großen Flugzeugträger-Werft der Mayport Naval Station unmittelbar an der Mündung des St. Johns River ist ein beliebtes Naherholungsgebiet. Oft rasten Tausende Möwen, Seeschwalben und Watvögel auf den vorgelagerten Watt- und Sandflächen am Nordende. Die Strände sind

Die Strände und Dünen des Huguenot Memorial Park sind ein beliebtes Naherholungsgebiet.

zwar mit dem Auto befahrbar, Besucher sollten jedoch, besonders zur Brutzeit, auf den gekennzeichneten Plätzen parken und das Gebiet zu Fuß erkunden.

Die ➡ **Kingsley Plantation** (SR A1A, Palmetto Ave.), eine ehemalige Baumwollplantage aus dem 18. Jh., vermittelt einen Eindruck von Lebensbedingungen auf einer Großplantagen vor dem amerikanischen Bürgerkrieg (tgl. 9–17 Uhr).

32

Fort Clinch State Park

Das mächtige, aus Ziegelsteinen errichtete **Fort Clinch** (Baubeginn 1847) hat eine spektakuläre Lage an der Nordspitze der **Amelia Island** (SR A1A nördlich Fernandina Beach).

Von den Wällen hat man einen weiten Blick über den **St. Mary's River Channel**, der Florida von der Cumberland Island in Georgia trennt. An der Atlantikküste des State Park dehnen sich dichte Küstenlaubwälder, Dünen, breite Sandstrände und Salzwiesen aus. Der lohnende **Willow Pond Nature Trail** an der Ostseite des Hauptweges, ca. 4 km vom Eingang, durchquert einen baumartenreichen Hartholzlaubwald und führt um einen kleinen Marschtümpel herum, an dem Schildkröten und Alligatoren vorkommen. Vom langen Pier, einem beliebten Angelplatz an der Nordostseite des Parks in der Nähe des ⚑ **Beach Area Camps**, hat man einen guten Überblick über den **Cumberland Sound** und die 3,6 km langen Strände. Ein weiterer ⚑ Campingplatz liegt auf der Westseite am **Amelia River** in einem dichten Küstenlaubwald.

Gold Head Branch State Park

Der landschaftlich reizvolle State Park liegt abseits der Touristenzentren, ca. 9,5 km nordöstlich von Keystone Heights an der SR 21. Die trockenen Sandhügel mit ausgedehnten Kiefern- und Eichenwäldern werden vom Bachtal des ➜ Gold Head Branch durchschnitten. Es erstreckt sich vom Parkeingang bis zur Nordgrenze des Little Lake Johnson. 1 km vom Eingang entfernt überblickt man von einer Holzplattform das Ende des von üppiger Vegetation gesäumten Tals, den Quellbereich des Baches. Eine steile Treppe führt zum Fern Loop, einen Rundweg am Grund des Tals hinab. Über Ridge Trail und Loblolly Trail gelangt man durch von Bitternuss und verschiedenen Eichenarten dominierten Auwald zu den Überresten eines alten Wasserdamms mit Mühle. Die ▲ 3 Campingplätze und , Blockhütten des Parks werden vor allem an Sommerwochenenden viel besucht (s. S.117,13). Bademöglichkeiten bestehen am Lake Johnson.

Gainesville und Umgebung

Gainesville, eine Stadt, die erst 1853 ihren jetzigen Namen erhielt, ist Sitz der Florida State University. Das ➜ Florida Museum of Natural History an der University Avenue ist einen Besuch wert. Die Form des Gebäudes soll einem indianischen Zeremonienhügel gleichen. Es werden ausgezeichnete Ausstellungen zu Fossilien, den wichtigsten Le-

Im Bivens Arm Nature Park führen Stege durch dichte, mit Epiphyten (Luftpflanzen) besetzte Eichenwälder.

bensräumen Floridas und zur Naturgeschichte der Indianer gezeigt.

Am Stadtrand liegen mehrere kleinere Naturgebiete. ➜ <u>Bivens Arm Nature Park</u> im Südosten erreicht man auf der SR 331 (Williston Road) bis zur Hauptstraße (4 km). Im Sumpfgebiet, um das ein 370 m langer Holzsteg führt, kommen typische Wassertiere und -pflanzen vor, darunter Purpurhuhn und Alligatoren. Das waldreiche ➜ <u>Morningside Nature Center</u> im Nordosten der Stadt an der East University Avenue ist ein beliebtes Naherholungsgebiet. Täglich werden Führungen durch eine historische Farm angeboten.

Das wenig erschlossene ➜ <u>San Felasco Hammock State Preserve</u> (ca. 28 km²) ist eines der baumartenreichsten Waldgebiete im Südosten der USA. Typische Bäume sind Amerikanischer Amberbaum, Bitternuss, Hopfenbuche, verschiedene Eichen und Großblütige Magnolie. Ausgangspunkt für verschiedene Wanderungen ist der Parkplatz an der CR 232 (Millhopper Road) im Nordwesten der Stadt. Etwa 2 km östlich kann man einen besonders sehenswerten Erdeinbruch besichtigen. Der Riesenkrater in ➜ <u>Devils Millhopper Geological Site</u> dehnt sich über 2 ha aus und ist etwa 37 m tief. Die feuchtkühlen Bedingungen in der natürliche Bodensenke, durch die ein Bach mit Wasserfall fließt, bieten Lebensraum für große Farne und Pflanzenarten nördlicherer Regionen.

Paynes Prairie

Einer der bedeutendsten Naturräume im Norden Floridas ist Paynes Prairie, eine Ebene aus feuchtem Grasland mit Sümpfen und Seen, umgeben von Laub-, Misch- und Kiefernwäldern (ca. 76 km²). Im 16. Jh. befand sich hier die größte Rinderzucht im spani-

Paynes Prairie

schen Florida. Der Naturforscher William Bartram beschrieb die Tier- und Pflanzenwelt der Region bereits Ende des 18. Jh. Schreikraniche und Büffelherden wurden ausgerottet, jedoch lebt seit 1975 wieder eine kleine Bisonherde im Gebiet, die man bei Führungen mit Rangern zu Gesicht bekommt. Auch Wildpferde wurden wieder angesiedelt.

Der Haupteingang zum ➜ <u>Paynes Prairie State Preserve</u> befindet sich in der **Lake Wauberg Recreation Area** ①, 1,5 km nördlich von Micanopy an der US 441. Vom **🅸 Besucherzentrum** führt ein kurzer Weg zu einem Beobachtungsturm, von dem man die weite Ebene überblickt. Am See sind Bootfahren und Fischen möglich. Im Gebiet gibt es zahlreiche Wander-, Fahrrad- und Reitwege, und man kann auf einem ⯅ Campingplatz übernachten.

Auch andere Teilgebiete von Paynes Prärie sind über die US 441 erreichbar. 5,6 km südlich des SR 331 beginnt auf der Ostseite der **Bolen Bluff Trail** ②. Der Rundweg führt durch Laubwälder und am Rand der feuchten Prärie entlang (4,6 km). Von einer Plattform überblickt man eines der bedeutendsten Brut- und Überwinterungsgebiete für Kanadakraniche und Wasservögel in Florida. Einen weiteren Zugang zum Gebiet im Südosten von Gainesville bietet der **La Chua Trail** ③ (Parkplatz an der Camp Ranch Road). Der landschaftlich reizvolle Weg führt durch das Grasland, an mehreren Dolinen wie dem **Alachua Sink** vorüber, in denen viele große Alligatoren vorkommen; im Winter rasten hier oft zahlreiche Kanadakraniche.

Osceola National Forest

Der kleinste National Forest am Nordrand Floridas ist geprägt durch ausgedehnte Sumpf- und Elliott-Kiefernwäldern. Die unerschlossenen Sümpfe (730 km²) sind ein wichtiger Verbindungskorridor zum riesigen Okeefenokee Swamp im Norden. Eines der interessantesten und ursprünglichsten Waldbereiche ist die **Big Gum Swamp Wilderness** (erreichbar über FR 235) mit dichten Beständen aus Sumpfzypressen. Hier kommen neben Weißwedelhirsch, Rotluchs, Helmspecht und Truthuhn auch einige Schwarzbären vor, und es wird versucht, den Florida-Puma wieder einzubürgern.

Am Südrand des Waldes an der US 90 kann man auf einem 1,5 km langen Weg den kleinen **Mount Carrie Wayside Park** erkunden. Bäume mit Höhlen des gefährdeten Kokardenspechtes sind mit einem breiten weißen Band markiert. Eine **Autorundfahrt** durch die Kiefernwälder führt über die Forststraßen 215, 278 und 236 wieder zur US 90 zurück. Über die Forststraße 250A östlich von Ulustee gelangt man zum ⚑ Campingplatz am Nordufer des von Sumpfzypressen gesäumten **Ocean Pond**. Dort wurden auch Bade- und Picknickplätze ausgewiesen. Karten des Gebietes gibt es an der ⏹ **Rangerstation** an der US 90, ca. 16 km östlich von Lake City.

Der erste Naturreisende Floridas

William Bartram (1739–1823), der Reisende und Naturforscher, wurde als der fünfte Sohn des bekannten Botanikers John Bartram in Philadelphia geboren. Der junge Bartram entwickelte ein Talent, Naturobjekte zu zeichnen. Bereits zwischen 1765 und 1766 begleitete er seinen Vater auf einer über 600 km langen Expedition auf dem St. John's River in Florida. Beeindruckt von Williams Zeichnungen finanzierte der berühmte englische Botaniker Fothergill weitere Expeditionen in den Südosten der Vereinigten Staaten. Im Gegenzug für diese Hilfe sammelte Bartram Samen und Pflanzenarten der Region und schickte sie nach Europa.

Bartrams Studienreisen begannen im März 1773 in Georgia. Er reiste bis tief nach Nordflorida hinein, um dort Pflanzen und Tiere zu sammeln und beschrieb die Lebensweise der Indianer. Die Seminolen, deren Dörfer er besuchte, nannten ihn »Puc Paggy« (Blumenjäger). Er traf auf riesige Anzahlen von Alligatoren, studierte Karsterscheinungen wie Dolinen und die geheimnisvollen Verläufe von Floridas unterirdischen Flüssen. 1791 veröffentlichte Bartram eine Sammlung seiner Reiseberichte in dem Buch »Travels Through North & South Carolina, Georgia, East & West Florida«. Eindrucksvoll schildert er die Landschaft im Südosten der Vereinigten Staaten, bevor die weißen Siedler sie nachhaltig veränderten. Die Liste der Vögel ist die umfangreichste seiner Zeit und umfasst 215 Arten. Heute kann man seine Zeichnungen von Tieren und Pflanzen im Britischen Museum in London betrachten.

Okefenokee Swamp

Das drittgrößte Sumpfgebiet im Südosten der USA (1 800 km²) liegt zwar überwiegend im Bundesstaat Georgia, ragt im Süden aber nach Florida hinein. Aufgrund der schwankenden grünen Inseln, die einer dicken Torfschicht aufliegen, nannten die Seminolen-Indianer die Gegend »Okefenokee« (Land der zitternden Erde). In den riesigen Sumpfzypressenwäldern stehen große Horste aus insektenfangenden Schlauchpflanzen. 12 000 Alligatoren, etwa 150 Schwarzbären, 35 Schlangen- und 14 Schildkrötenarten, unzählige Reiher, Weiße Sichler sowie Fischadler und Kanadakraniche kommen in dem großartigen Gebiet vor, das von keiner Straße zerschnitten wird. Zugänge befinden sich nur in Georgia. Im Norden liegt der ➜ Okefenokee Swamp Park, 13 km südlich von Waycross/Georgia, mit ∎ Besucherzentrum,

Serpentarium (Schlangenausstellung) und Tiergehegen heimischer Arten. Ein hoher Beobachtungsturm überragt das bis an den Horizont reichende »Meer« aus Sumpfzypressen. Bootstouren (0,5–2 h) sind sehr zu empfehlen und werden mit Schwerpunkt Fotografie, Tiere oder Pflanzen angeboten, je nach Jahreszeit und Wasserständen.

19 km von der US 441 bei Fargo entfernt bietet Georgias ➜ Stephen C. Foster State Park einen weiteren Zugang und einen ⛺ Campingplatz. Auch hier kann man ausgedehnte Bootstouren durch die Sümpfe unternehmen Die Wilderness Canoe Trails haben eine Länge von bis zu 80 km (2–5 Tage; Übernachtung auf kleinen Plattformen; Voranmeldung Tel. (912) 496-3331). Den Osteingang erreicht man von Folkston in südlicher Richtung auf der GA 121. Hier gelangt man über den Suwannee Canal mit dem Boot in offene, nasse Prärien, in denen zahlreiche Alligatoren vorkommen und im Frühjahr große Reiherkolonien zu entdecken sind.

Insektenfangende Schlauchpflanzen/Trumpet Pitcher Plants bilden in nährstoffarmen Moorgewässern dichte Horste.

Suwannee River State Park

Der **Suwannee River** entspringt in den Okefenokee-Sümpfen und schlängelt sich gemächlich durch Nordflorida. Das waldreiche Reservat liegt nördlich der US 90 am
Zusammenfluss mit dem Withlacoochee
River, 21 km westlich von Live Oak. Im
Flussbett und am felsigen Ufer sprudeln
zahlreiche Quellen. Hinter der Ranger-Sta-
tion in der Nähe des **⚑** Campingplatzes erreicht man auf dem **Sandhills Trail** den **Co-
lumbus Cemetery**, einen Rest einer alten
Ansiedlung aus dem vorigen Jahrhundert.
Der ausgeschilderte **Suwannee River Trail**
führt durch schöne Laubwälder mit moos-
behangenen Eichen und seltenen Ulmen
am Flussufer entlang und quert einen Nebenfluss, den **Lime Sink Run** (Bibervorkom-

◁ Die ausgedehnten Sumpfzypressen-Wälder des Okefenokee Swamp zählen zu den größten der USA

Der naturnahe Suwannee River schlängelt sich gemächlich durch Mittelflorida.

men!). Der Park ist Endpunkt von Kanurouten, die aus Georgia den Suwannee River herabführen, und Ausgangspunkt von Fahrten zum Golf von Mexiko.

Santa Fe River

Die hügelige Landschaft des ➜ <u>O'Leno State Park</u> am Oberlauf des **Santa Fe River**, einem der schönsten Flüsse Floridas für Kanufahrten, bedecken schöne Laub- und Mischwälder (US 41/441). Der Name O'Leno kommt von einem heute verschwundenen Dorf aus der Mitte des 19. Jh. Zahlreiche Greifvogelarten kommen vor, darunter Weißkopfseeadler, Fischadler und Schwalbenweihe. Weißwedelhirsche sind nicht scheu, da sie nicht bejagt werden. Durch Auflösung des Kalksteins im Untergrund entstanden viele Dolinen. Der Santa Fe River verschwindet im Park schlagartig in einem riesigen Trichter, bevor er nach

4,8 km wieder zutage tritt. Dieses Naturschauspiel kann man sich auf einer Wanderung auf dem ➜ **River Sink Trail** betrachten. Über eine Hängebrücke, die den Fluss überquert, durch Laubwälder, deren Bäume mit bärtigem Louisiana-Moos dicht behangen sind, und Zypressensumpf gelangt man zu einer Beobachtungsplattform über dem Schacht, in den sich der Fluss mit wirbelnden Oberflächenstrudeln hineinstürzt. Übernachtungsmöglichkeiten bietet ein ⚑ Campingplatz.

Eines der beliebtesten Naherholungsgebiete Nordfloridas sind die 9 kristallklaren Quellen und der Oberlauf des Ichetucknee, ein Nebenfluss des Santa Fe River. Ein Holzsteg und Fußweg von der nördlichen Picnic Area des ➜ <u>Ichetucknee State Park</u> führt zum **Blue Hole**, einem der besten Schnorchel- und Badeplätze. Durch schönen Laubwald aus Hopfenbuche, Bitternuss, Ahorn und Weiden erreicht man eine Holzplattform, die oberhalb der Quelle liegt. Diese entlässt 230 Mio. l Wasser pro Tag direkt in den Ichetucknee River

Der O'Leno State Park ist bekannt für seine Karsterscheinungen: Der poröse Untergrund führt im Winter zum Austrocknen der Zypressensümpfe.

(22,7 °C). Naturpfade bieten lohnende Blicke auf den Fluss und schlängeln sich ca. 3 km durch die von Kiefern und Eichen dominierten Wälder der Sandhügel.

Den unteren Flusslauf am Südeingang des Parks erreicht man mit einer kostenlosen Parkbahn. Ausgangspunkt ist ein großer Parkplatz etwa 8 km westlich von Fort White an der US 27. Tauchen, Schnorcheln und »tubing«, das heißt, sich in den Schlauch eines Autoreifen zu legen und langsam stromabwärts zu treiben, sind die beliebtesten Aktivitäten am Fluss. Besuche an Sommerwochenenden sollte man aufgrund des großen Besucherandrangs vermeiden. Im Park gibt es keine Campingmöglichkeiten.

Manatee Springs State Park

Am Unterlauf des Suwannee River am Ende der SR 320, 9,5 km westlich von Chiefland, lohnt sich ein Besuch des Schutzgebietes nicht nur zum Baden. Die Quellen zählen mit täglich 450 Mio. l konstant 22°C warmem Wasser zu den größeren in Florida. Der Quellabfluss wird von November bis April von bis zu 80 Seekühen pro Monat besucht. Die Pflanzengesellschaften des Gebietes wurden bereits im 18. Jh. durch den Naturforscher William Bartram beschrieben. Ein 0,4 km langer Holzsteg führt am Quellauslauf durch einen schönen Auwald aus Tupelobäumen, Rotahorn und Sumpfzypressen in Richtung Suwannee River zu einer Holzplattform mit Kanuverleih.

Der **Sink Trail** in der Nähe des **⚑ Magnolia Campground** führt durch Laubwälder an verschiedenen natürlichen Erdfällen vorüber. Botanisch interessant sind verschiedene seltene Eichen- und Stechpalmenarten. In den sandigen Kiefernwäldern haben zahlreiche Gopherschildkröten ihre Höhlen gegraben.

Weiter südlich mündet der Suwannee River in einem riesigen Sumpfgebiet in den Golf von Mexiko, geschützt von dem wenig erschlossenen **Lower Suwannee National Wildlife Refuge**. Die lichten Kiefernwälder, Sümpfe und Buschländer sind auf einem unbefestigten Rundweg (nicht für Wohnmobile geeignet) von der SR 347 befahrbar (Gate 1– Gate 9). Das Gebiet ist bekannt für seine hohe Dichte von Fischadlerhorsten.

Dort gibt es 3 kurze Wanderwege, darunter der lohnende **Shell Mound Trail** zu einem 8,5 m hohen indianischen Muschelhügel, dem größten an diesem Teil der Golfküste.

Cedar Keys

Auf der CR 347 oder SR 24 nähern wir uns der subtropischen Insel Cedar Key am Golf von Mexiko mit dem gleichnamigen malerischen, ruhigen Fischerdorf. Die vorgelagerten Inseln gehören zum Schutzgebiet des ➔ Cedar Keys National Wildlife Refuge einem der wichtigsten Brutplätze für Reiher, Sichler, Pelikane und Kormorane an der Golfküste. Auf **Seahorse Key** nisten alljährlich bis zu 50 000 Reiher, Weiße Sichler, Pelikane und Ohrenscharben (nicht zugänglich von März bis Juni). Während vom Anlegesteg des Hafens noch vor mehr als 100 Jahren Baumwolle und Zedernholz verschifft wurde, starten hier heute Bootstouren zu den Inseln (Informationen im ☎ **Cedar Key Chamber of Commerce Office**, Tel. (904) 543-5600). Man kann den hungrigen Braunpelikanen zuschauen, die mit den zahlreichen Anglern um Beute konkurrieren, oder sich gute Fischgerichte in einem der Restaurants schmecken lassen. Das **Cedar Key State Museum** (Museum Dr.) hat eine sehr schöne Muschelsammlung und informiert über die frühere

Bleistiftherstellung (Do–Mo 9–17 Uhr).
Übernachtungsmöglichkeiten gibt es in Motels oder im alten Island Hotel (2nd & B Streets, Tel. (904) 543-5111).

42

St. Marks National Wildlife Refuge

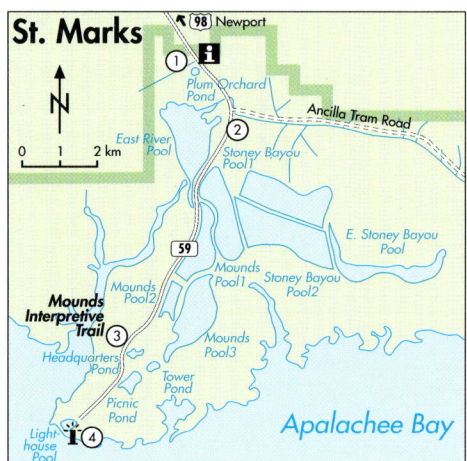

Mit mehr als 300 Vogelarten, 100 (!) Amphibien- und Reptilienarten sowie 50 Säugetierarten, darunter eine kleine Population des Schwarzbären, ist St. Marks einer der artenreichsten Küstenabschnitte Floridas (390 km²). Das Reservat teilt sich in drei Abschnitte: **St. Marks**, **Wakulla** und **Panacea**. Die Einfahrt erreicht man von Newport über die US 98 und die CR 59. Nach 5 km gelangt man zum informativen ⛊ **Besucherzentrum** mit einer Beobachtungsplattform. Hier verläuft ein kurzer (0,5 km) Naturlehrpfad, **Plum Orchard Pond Trail** ①, an ei-

nem sumpfigen Teich entlang. Nach 3 km auf der CR 59 ist die **Aucilla Tram Road** ② ein guter Ausgangspunkt für Wanderungen durch Wälder und auf den Deichen der Teiche im Revier des Fischadlers. 13 km südlich des Eingangs erreicht man den lohnenden **Mounds Interpretive Trail** ③, der um den Tower Pond herumführt (1,5 km lang,

Floridas Staatsbaum, die Palmettopalme/Cabbage Palm gedeiht im wasservogelreichen St. Marks National Wildlife Refuge.

Bootsfahrten auf dem Wakulla River führen durch eine ursprüngliche Flusslandschaft.

Beobachtungsturm). Die Wasserstände der Teiche werden reguliert, um besonders im Herbst und Winter riesigen Zahlen von Wasservögeln Rast- und Nahrungsplätze zu erhalten. Letzter Haltepunkt nach 11 km ist der Parkplatz am historischen **Leuchtturm** aus dem Jahr 1829 an der Apalachee Bay. Vom Holzturm und auf den Deichwegen (**Levee Trail**) gibt es ausgezeichnete Beobachtungsmöglichkeiten von Alligatoren, Reihern und anderen Wasservögeln. Im Herbst und Frühjahr ist das Gebiet bekannt für die großen Mengen wandernder Schmetterlinge, z.B. Monarchfalter.

◄ **43** ►

Wakulla Springs

Ein Höhepunkt im Panhandle ist der Besuch der Quellen des ➔ <u>Wakulla Springs State Park</u> im Süden von Tallahassee (US 319, SR 61 bis zur SR 267; 23 km). Der indianische Name »Wakulla«, bedeutet soviel wie »Geheimnisvolles Wasser«. Mit heute

950 Mio. l Wasser pro Tag zählen sie zu den ergiebigsten und zudem tiefsten Süßwasserquellen der Welt, die durch Taucher bis in eine Tiefe von über 100 m unter der Erde erforscht wurden. Das Wasser gelangt durch 6 große unterirdische Höhlensysteme aus einer Entfernung von bis zu 1,8 km zum Hauptmund der Quelle des **Wakulla River**. Dieser liegt inmitten eines herrlichen Waldgebietes und ist ein beliebtes Schwimm- und Schnorchelgebiet mit konstant kühlen Wassertemperaturen. Auf lohnenswerten Touren mit **Glasbodenbooten** kann man die dichten Fischschwärme im klaren Wasser (bis zu 36 m tief) wie in einem Aquarium sehen. Auf dem Sandboden der Quelle liegen Knochen urzeitlicher Mastodonten. Von Rangern geführte Boottouren starten vom Dock in der Nähe der , Lodge (s. S.117,21). Auf der 3 km langen Rundfahrt auf dem Fluss, der von malerischen Sumpfzypressen gesäumt wird, gibt es sehr gute Fotografiermöglichkeiten zahlreicher Wasservögel wie Rallenkranich und Adler, aber auch von Alligatoren, Schlangen und Schildkröten.

Durch die umliegenden Kiefern- und artenreichen Laubwälder des Gebietes führen mehrere Naturpfade. Der lohnende Sally Ward Spring Trail beginnt am Parkplatz gegenüber der Lodge.

Tallahassee

Das Stadtbild von Tallahassee wird nicht nur durch das Capitol bestimmt: Die zahlreichen historischen Gebäude und die mit Louisiana-Moos behangenen Eichenalleen geben der Hauptstadt Floridas auch einen südstaatlichen Charakter. Am Nordrand der Stadt liegt → Lake Jackson Mounds Archaeological Site (Indian Mound Rd., über die US 27 und Crowder Rd.; Sa 10–16.30 Uhr, So 12–16.30 Uhr) mit bis zu 8 m hohen Tempel- und Begräbnishügeln einer indianischen Siedlungsanlage aus der Zeit um 1100–1500 n. Chr.

In den → Maclay Ornamental Gardens an der Thomasville Road empfängt den Besucher ein farbenprächtiges Bild blühender Sträucher und Blumen (tgl. 9-17 Uhr; schönste Blütezeit von Januar bis April). Wer mehr über die Vergangenheit Floridas erfahren möchte, sollte sich das → Museum of Florida History (Gray Building der Capitol-Gebäude, Mo–Fr 9–16.30 Uhr, Sa 10–16.30 Uhr, So 12–16.30 Uhr) ansehen. Hier werden interessante Exponate zur zehntausendjährigen Vergangenheit Floridas von der Vorzeit (Skelett eines Riesenfaultiers) bis zur Zeit der Indianer, Spanier und Briten und der Gründung des Staates Florida gezeigt. Das → Tallahassee Junior Museum in der Nähe des Flughafens (Lake Bradford) wurde speziell für Kinder erbaut. In einem kleinen Zoo werden Arten der heimischen Fauna gezeigt. Eine Pionierfarm stellt das Leben auf dem Land vor hundert Jahren dar (Di–Sa 9-17 Uhr, So 12.30–17 Uhr).

Apalachicola National Forest

Apalachicola National Forest ist eines der größten staatlichen Waldgebiete im Osten der USA (ca. 2 400 km^2) mit 15 größeren Seen. Es gibt zwei Abschnitte: Wakulla Ranger District östlich des Ochlockonee River und Apalachicola Ranger District, zuständig für die Waldflächen westlich des Flusses. Alle Forststraßen sind nummeriert (Karte in Bristol im Hauptquartier der ◨ District Forest Ranger, s.S.117,20). Die Waldbestände des großen Gebietes bestehen überwiegend aus Elliott- und Sumpf-Kiefern mit niedrigen Sägepalmen im Unterwuchs und weiteren 200 Pflanzenarten. Eine der lohnendsten Fahrten durch den Südwestteil des Waldgebietes ist der Apalachee Savannahs Scenic Byway ①. Man erreicht den Rundweg von Bristol in südlicher Richtung nach ca. 19 km auf der CR 12 bis zur Kreuzung mit der CR 379. Hier wachsen seltene und ungewöhnliche Pflanzengesellschaften, darunter auf den moorigen Böden der Waldlichtungen schöne Bestände aus roten und gelben insektenfangenden Schlauchpflanzen. Man kann sie unmittelbar von der Straße aus betrachten. Die empfindlichen Flächen nicht betreten! Bäume mit Höhlen des gefährdeten Kokardenspechtes sind mit weißer Farbe markiert.

Im Wakulla District ist die Leon Sinks Geological Area ② 11 km südwestlich von Tallahassee mit großen Dolinen und riesigen unterirdischen Höhlen (bis 2,4 km Länge) ein sehr beliebtes Erholungsgebiet. Es gibt zahlreiche ⚑ Campingplätze, wie Silver Lake (SR 20 nach Süden auf die SR 260, dann nach Osten auf FR 371), Wright Lake (von SR 65 auf FR 101), Hickory Landing (FR 101) oder Camel Lake (SR 12 nach Osten auf FR 105) an denen man Baden, Angeln, Wandern oder Kanufahren kann. Die meis-

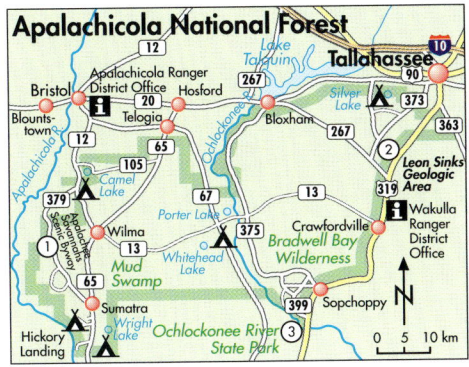

Apalachicola National Forest

dem Hauptweg führt durch Kiefern- und Mischwälder, die mit kontrolliertem Feuermanagement in einem natürlichen, lichten Zustand gehalten werden. Die Waldfauna und -flora präsentiert sich artenreich mit Vorkommen des gefährdeten Kokardenspechtes und des Braunkopfkleibers. Man kann Kanutouren in Richtung Apalachicola National Forest oder in Richtung Golf von Mexiko unternehmen.

Torreya State Park

ten sind ⚊ Naturcampingplätze, die mit Ausnahme der Jagdsaison immer geöffnet sind.

Im Flussdreieck von fischreichem **Dead River** und **Ochlockonee River** (6,5 km südlich von Sopchoppy an der US 319) befindet sich der ➜ Ochlockonee River State Park ③ mit kleinem ⚊ Campingplatz. Die Fahrt auf

Der Park liegt an einem Schnittpunkt verschiedener sich überlappender Waldtypen. Man nimmt an, dass die Wasserscheide des **Apalachicola River** mehr Pflanzen- und Tierarten pro Fläche aufweist als irgendein anderes Gebiet im gemäßigten Nordame-

Moorgewässer im Ochlockonee River State Park am Südrand des Apalachicola National Forest.

![Das restaurierte Gregory House ist Ausgangspunkt für Wanderungen im Torreya State Park.]

Das restaurierte Gregory House ist Ausgangspunkt für Wanderungen im Torreya State Park.

rika. Zahlreiche Pflanzenarten erreichen hier die Südgrenze ihrer Verbreitung, andere kommen nur hier vor wie die fast verschwundene Florida-Nusseibe. Bemerkenswerte Tierarten des Parks sind Biber und Rotluchs. Die für Florida ausgesprochen vielfältige Landschaft mit bewaldeten Hügeln, tiefen Einschnitten und den bis zu 45 m hohen Steilufern des Flusses kann von Rock Bluff auf der CR 1641 (4 km) erreicht werden. Die etwa 2 km lange Parkstraße endet am **Gregory House**, einem wiederaufgebauten Plantagenhaus aus der Zeit vor dem Bürgerkrieg. Es liegt auf einer Anhöhe, die eine herrliche Aussicht über den Apalachicola River bietet. Hier ist ein guter Ausgangspunkt für einen der insgesamt 13 km langen Wanderwege, die sich durch die Wälder oberhalb des Flusses schlängeln. Der kürzere **Weeping Ridge Trail** beginnt am **⚑** Campingplatz.

St. George Island

Auch die weißen Strände der großartigen St.-George-Insel eignen sich hervorragend zum Schwimmen, Strandwandern und Muschelsammeln. Von Eastpoint an der US 98 erreicht man die langgestreckte Nehrungsinsel über eine Dammstraße durch die austernreiche **Apalachicola Bay**. Die Straßenböschungen sind ein bedeutender Brut- und Rastplatz für Seevögel, darunter Königsseeschwalbe, Braunmantel-Austernfischer und (unregelmäßig) Scherenschnäbel. (Bitte Geschwindigkeitsbeschränkung beachten und Brutgebiete nicht betreten!) Auf der Insel führt die Straße nach links zum Eingang des ➜ **Julian G. Bruce St. George Island State Park** (ca. 14 km) mit kilometerlangen, naturnahen Stränden, die zu den besten der USA zählen. Der Park eignet sich aber nicht nur ausgezeichnet zum Baden und Sonne tanken, ein Besuch lohnt sich auch für Vogelbeobachter (über 230 Arten) und Muschelsammler. Im Sommer vergraben Unechte Karettschildkröten ihre Eier im Sand, über den große Geisterkrabben laufen. In Gewässernähe sind Wassermokassinschlangen häufig. Von einer Holzplattform hat man einen weiten Blick über Salzwiesen, Küstenwälder und die **East Cove** am **St. George Sound**. Die Hauptstraße endet am letzten Strandpavillon. Von hier aus kann man die Küstenwälder aus Kiefern, Eichen und Großblütigen Magnolien sowie unerschlossene Strandabschnitte im Ostteil der Insel erkunden. Ein weiterer Wanderweg beginnt auf der Ostseite des Ⓐ Campingplatzes (4 km). Im Sommer ist unbedingt ein Mückenschutzmittel zu empfehlen.

St. Joseph Peninsula

Die kilometerlangen, weißen Sandstrände (ca. 11 km) der schmalen Halbinsel bei dem Fischerhafen Port St. Joe grenzen an Sanddünen, die zu den größten am Golf gehören. Im Südteil des ➜ St. Joseph Peninsula State Park liegt ein schöner Ⓐ Campingplatz direkt am Strand nahe einer Beobachtungsplattform, von der man den Golf überblickt. Ein kurzer Naturpfad führt durch die Dünen und am Strand entlang. Der Nordteil des Reservates ist Wildschutzgebiet und lädt mit seiner ungestörten Küstenvegetation zu langen Strandwanderungen ein. Übernachtungsmöglichkeiten bieten einfache Ⓐ Naturcampingplätzen (nach Voranmeldung). Die Halbinsel ist eines der besten Gebiete in Florida, um im Herbst und Frühjahr durchziehende Greifvögel wie Wanderfalken sowie Küsten- und Wasservögel (insgesamt über 200 Vogelarten) zu beobachten. Die ergiebigsten Beobachtungspunkte liegen bei **Eagle Harbor** und an der Spitze der Halbinsel. Unterkunft bieten auch klimatisierte 🛏 Blockhütten (s. S. 117,19).

Die westlich gelegene Naturinsel ➜ St. Vincent National Wildlife Refuge hat keine Infrastruktur und kann nur mit dem Boot von der lebhaften Hafenstadt Apalachicola (15 km) aus erreicht werden. Die 🅷 **Besucherinformation** befindet sich am Harbor Master Building in der Market Street. Seit 1990

Der blendend weiße Sand der St. George Island wird von ursprünglichen Küstenwäldern festgehalten.

wurde eine Gruppe gefährdeter Rotwölfe ausgesetzt. Auch eine kleine Herde Sambar-Hirsche wurde zu Beginn des Jahrhunderts hier eingebürgert. Es nisten zahlreiche Adlerpaare, Wasser- und Seevögel. An den Teichen im Innern der Insel kommen Alligatoren, Schildkröten und zahlreiche Schlangen vor. Der 22 km lange, weiße Sandstrand dehnt sich im Süden und Osten der Insel aus. Besonders im Sommer ist auf beiden Inseln mit vielen Moskitos und Stechfliegen zu rechnen.

Emerald Coast

In **Fort Walton Beach**, der Stadt mit einem der größten Luftwaffenstützpunkte der USA, gibt das ➜ Indian Temple Mound Museum (Miracle Strip Pkwy; Mo-Sa 10–17 Uhr, Sept.–Mai 11–16 Uhr) interessante Einblicke in eine frühere indianische Siedlungsanlage. Auf ➜ Okaloosa Island vor der Stadt liegen ausgezeichnete Strände aus rei-

nem Quarzsand. Das **Gulfarium** an der US 98 (tgl. ab 9 Uhr) bietet Bassins und Vorführungen von zahlreichen Meerestieren. 25 km weiter östlich in der ➜ Grayton Beach State Recreation Area (südlich US 98 über CR 30 A oder CR 283) erstreckt sich einer der saubersten und feinsandigsten Strände der USA vor türkisfarbenem Wasser. Meeresschildkröten wie die Unechte Karettschildkröte kommen im Sommer zur Eiablage an den Strand. Im Winterhalbjahr gehören Strandwanderungen und Muscheln sammeln zu den beliebtesten Aktivitäten. Ein Rundweg (ca. 0,6 km) informiert über die natürlichen Dünenbewegungen und über Anpassungen von Pflanzen und Tieren an diesen besonderen Lebensraum. Stellenweise sind nur noch die Kronen von im Sand verschütteten Elliott-Kiefern, Eichen oder Großblütigen Magnolien zu sehen. Der Pfad verläuft am Südrand des brackigen Western Lake, der von schmalen Salzwiesen umgeben ist, und durchquert einen Küsten-Kiefernwald in der Nähe des ⚊ Campingplatzes.

Die Strände an der Emerald Coast, hier Grayton Beach, zählen zu den besten der USA.

Östlich des riesigen Vergnügungsparks vor der Industriestadt Panama City gelangt man auf der SR 392 zu einem der populärsten Strände am Golf von Mexiko, der ➜ St. Andrews State Recreation Area mit Naturpfad, langer Pier an der Nordseite des Parks und einem großen ⛺ Campingplatz. Der östliche Teil der ungestörten Nehrungsinsel Shell Island mit 12 km weißen Dünensträn-den ist nur mit dem Boot erreichbar (Shell Island Trips, Captain Anderson Marina, 5550 N. Lagoon Dr., Panama City).

Gulf Islands National Seashore

Der längste geschützte Küstenabschnitt am Golf von Mexiko ist bekannt für seinen Vogelreichtum und die artenreiche Pflanzenwelt. Die Inselkette reicht im Westen von West Ship Island in Mississippi bis zur Santa Rosa Island in Florida. Von Pensacola mit seinem großen Marinehafen und dem eindrucksvollen, restaurierten Stadtkern (Historic Pensacola Village) fährt man auf der US 98 in südlicher Richtung und erreicht östlich von Gulf Breeze die Naval Live Oaks Area des Schutzgebietes. Vom kleinen 🅗 Besucherzentrum führt ein Wanderweg 1,2 km durch Eichen-Mischwald zum Santa Rosa Sound (Beobachtungsplattform). Die mächtigen Virginischen Eichen wurden im vorigen Jahrhundert zum Bau von Kriegsschiffen verwendet.

Auf der SR 399 geht es nach Santa Rosa Island zum Ferienort Pensacola Beach, wo fantastische weiße Strände und Dünen zum Baden, Schnorcheln und Tauchen einladen. Nach 11 km am Westende der Insel kann man die restaurierten Gemäuer des achteckigen Fort Pickens aus der Zeit des Bürgerkrieges (1829–1834) mit Museum besichtigen. Die Inselspitze ist ein unter Ornithologen bekanntes Rast- und Durchzugsgebiet von Meeres- und Zugvögeln, besonders zahlreicher Greifvögel. Be-

Im Florida Caverns State Park kann man das einzige Höhlensystem des Landes besuchen (Reiseziel 52).

merkenswert ist das Vorkommen von allein 16 Schlangenarten, darunter mehreren Klapperschlangenarten. Vom Fort verläuft ein lohnender Naturpfad durch Dünen, Buschland und Kiefernbestände. Der **Blackbird Marsh Trail** führt vom großen Campingplatz auf Holzstegen durch Wald und Küstenmarschen (2,4 km).

lich der US 90/SR 10) oder auf dem **Coldwater Creek** (SR 87 nördlich Milton). Mehrere Campingplätze befinden sich in der **Bear Lake Recreation Area** und am **Hurricane Lake** im Norden. Weitere ⇌ Übernachtungsmöglichkeiten und Informationen im ℍ **Forestry Center**, Munson Highway, in Milton.

51

Blackwater River State Forest

Das ausgedehnte Waldgebiet im Nordwesten von Crestview erstreckt sich bis an die Grenze nach Alabama und ist vor allem bekannt für seine wunderschönen, unberührten Bäche und Flüsse. Man kann viele Kilometer abseits der Zivilisation durch schöne Sumpf-Kiefernwälder wandern wie auf dem **Red Ground Trail**, einem alten Handelsweg der Indianer. Eine **Autorundfahrt** führt von der SR 191 dem **Spanish Trail** (Forststraße 64) entlang. Nach 1,3 km gelangt man zu einem der beiden Moorgebiete, die direkt am Weg liegen, mit zahlreichen seltenen, insektenfangenden Schlauchpflanzen. Die empfindlichen Flächen nicht betreten! Die Fahrt geht weiter auf der Three North Road (nach 3,5 km) in Richtung Süden und über die FR 68 wieder auf die SR 191 zurück.

Das aus den Sümpfen des Waldes stammende Tannin (Gerbsäure) färbt die zahlreichen sauberen Bäche und Flüsse dunkelbraun, ein reizvoller Kontrast zu ihren weißen Sandufern. Typische Laubbaumarten sind Amerikanischer Amberbaum, Rotahorn, Bitternuss und riesige Amerikanische Platanen. Zu empfehlen sind mehrstündige Kanufahrten auf dem **Blackwater River** im gleichnamigen State Park am Südrand des Waldgebietes (nörd-

52

Florida Caverns State Park

Durch Auflösung des Kalksteins im Untergrund entstanden an vielen Stellen im Norden Floridas Hohlräume, die sich zu tiefen Stollen und Schächten erweiterten. Das interessanteste derartige Karstgebiet liegt etwa 5 km nördlich von Marianna an der CR 166. Es ist das umfangreichste Höhlensystem im Südosten der USA und das einzige in Florida. Das ℍ **Besucherzentrum** befindet sich neben dem Hauptparkplatz, ca. 2 km vom Parkeingang entfernt. Hier beginnen die Touren durch die sehenswerte **Florida Cavern** mit vielgestaltigen weißen und orangeroten Tropfsteinen (tgl. 9–16 Uhr; Dauer 60 min).

In einigen nicht zugänglichen Höhlen gibt es bedeutende Fledermausvorkommen sowie seltene Höhlenamphibien und -fische (Blindsalamander, Höhlenwels). Viele kilometerlange Wanderwege führen durch den artenreichen Buchen-Magnolienwald aus Hopfenbuchen, Bitternuss, Weiß-Eichen und Großblütigen Magnolien am **Chipola River**, der über eine kurze Strecke auch unterirdisch durch den Park fließt. Zahlreiche Bäume und Wildblumen wie Zephirblume oder rotblühende Kanadische Akelei kommen sonst nur in weiter nördlich gelegenen Wäldern vor. An einer Quelle (**Blue Hole**) gibt es eine Badestelle und man kann auf einem schönen Campingplatz übernachten.

Tiere und Pflanzen

Der nackte Greifschwanz hilft dem Nordopossum/Virginia Opossum beim Klettern

Das Neunbinden-Gürteltier/Nine-banded Armadillo gräbt im Sandboden nach Kleintieren.

Grauhörnchen/Gray Squirrel zeigen oft wenig Scheu.

Die Tierwelt Floridas

Säugetiere

Die 8 Ordnungen von land- und amphibisch lebenden Säugetieren sind mit 106 Arten in Florida vertreten. Das etwa hauskatzengroße **Nordopossum/Virginia Opossum** ist die einzige Art der Ordnung der Beuteltiere. Es ernährt sich hauptsächlich von Aas, Kleintieren und Beeren. Auf der Suche nach überfahrenen Tieren werden Opossums oft selbst Opfer des Autoverkehrs. Ebenfalls nur mit 1 Art vertreten sind die Nebengelenker mit dem mit schweren Knochenplatten gepanzerten **Neunbinden-Gürteltier/Nine-banded Armadillo**. Es wurde im 1. Weltkrieg aus dem Südwesten der USA in Florida eingeführt. Man kann es oft in den Abendstunden an Straßenrändern Nord- oder Mittelfloridas bei der Nahrungssuche im weichen Sandboden beobachten. Die Insektenesser sind mit lediglich 4 zumeist weiter verbreiteten Arten aus den Familien der Spitzmäuse und Maulwürfe vertreten. Auch die Ordnung der Fledermäuse ist mit rund 18 Arten weit verbreitet. Typische Lebensräume wie der gefährdeten **Grauen Fledermaus/Gray Bat** sind die Kalksteinhöhlen im Norden bei Marianna (s. S.76).

Unter den Hasentieren ist das gedrungene **Sumpfkaninchen/Marsh Rabbit** in Feuchtgebieten ganz Floridas vertreten. Bei Gefahr versucht es häufig ins Wasser zu flüchten. Das **Florida-Waldkaninchen/Eastern Cottontail** besiedelt mehr die Waldgebiete. Zu den Nagetieren zählt das in Laub- und Mischwäldern mit Nussbäumen weit verbreitete **Grauhörnchen/Gray Squirrel**. Es bewohnt natürliche Baumhöhlen, baut sich im Sommer aber auch luftige Laubnester im Geäst. Die Jungen werden im Frühjahr nackt und blind geboren und die Mutter trägt sie je nach Wetterlage zwischen Höhle und Baumnest hin und her. Das seltenere **Östliche Fuchs-Eichhörnchen/Fox Squirrel** kommt in den größeren Waldgebieten vor und kann leicht an seinem dunklen Kopf erkannt werden. Verbreitet in den Laubwaldgebieten des Nordens ist auch das heimliche **Südliche Gleithörnchen/Southern Flying Squirrel**. Durch Entfalten seiner Flughaut kann es von einem Baumwipfel bis zu 80 m weit zu einem Nachbarbaum gleiten. Der **Biber/Beaver** ist auf die Flussgebiete des Nordens beschränkt, im Süden kommt an Seen und Sümpfen die eingeführte **Nutria** vor.

Zur Ordnung der Raubtiere (14 Arten) gehört das größte Landsäugetier Floridas, der **Florida-Schwarzbär/Black Bear**. 1000–1500 Bären durchstreifen besonders die großen Waldgebiete im Norden wie Apalachicola National Forest (s.S.70) und Osceola National Forest (s.S.63). Seit 1993 ist keine Jagd auf sie mehr erlaubt. Dennoch sind die nachtaktiven Tiere sehr scheu und vermeiden menschlichen Kontakt wo immer möglich. Es gibt in Florida keinen bekannten Fall eines Angriffs von Bären auf Menschen. Am wahrscheinlichsten sind Beobachtungen in den späten Abendstunden, wenn die Schwarzbären auf der Suche nach Beeren, Insekten, aber auch Früchten der Sägepalme oder Knospen der Palmettopalmen sind. Der **Nordamerikanische Waschbär/Raccoon** hingegen ist ausgesprochen weit verbreitet und kommt bis auf die kleineren Inseln der Keys vor. Der anpassungsfähige Allesfresser klettert zur Nahrungssuche auf Bäume oder sucht an Bächen und Flüssen nach Fröschen und Krebsen. An vielen Stränden im Süden können Waschbären den Eiern der seltenen Meeresschildkröten gefährlich werden, so dass sie hier bekämpft werden. In zahlreichen Parks und auf Campingplätzen haben sich die eigentlich nachtaktiven Kleinbären auf Fütterungen oder die Abfälle der Besucher spezialisiert. Weitaus seltener sind der **Amerikanische Nerz/Florida Mink**, eine Marderart der Wälder und Feuchtgebiete und der **Nord-**

Das dunkle Östliche Fuchs-Eichörnchen/Fox Squirrel ist das größte Baumhörnchen Nordamerikas.

Begegnungen mit dem Schwarzbär/Florida Black Bear sind selten.

Der Nordamerikanische Waschbär/Raccoon ist ein guter Schwimmer und bei der Nahrungssuche sehr findig.

Der heimliche Rotluchs/Bobcat ernährt sich vorwiegend von Mäusen und Kaninchen.

amerikanische Fischotter/River Otter, der Seen, Teiche und Flüsse besiedelt. 2 Arten der Stinktiere **Geflecktes Stinktier/Spotted Skunk** und **Streifen-Stinktier/Striped Skunk** kommen in Florida vor. Unter den <u>Hundeartigen</u> ist der **Graufuchs/Gray Fox** am häufigsten, der **Kojote/Coyote** wird zunehmend weiter südlich auf der Halbinsel beobach-

Große Tümmler/Atlantic Bottle-nosed Dolphin »surfen« gern im Kielwasser der Motorboote.

tet. Vom ausgestorbenen **Rotwolf/Red Wolf**, einer Unterart des Wolfes, lebt wieder eine kleine eingebürgerte Population auf St. Vincent Island im Golf von Mexiko (s.S.73).

Der **Rotluchs/Bobcat** ist der häufigste Vertreter der <u>Katzenartigen</u> in Nord- und Mittelflorida. Erwachsene Luchse sind 2–3mal größer als eine große Hauskatze und von letzterer durch den kurzen Schwanz, die »dreieckigen Augen« und die schwarzen Flecken auf rötlichem oder grauem Untergrund zu unterscheiden. Die tag- und nachtaktiven Tiere jagen Kleinsäuger und Vögel, sind jedoch scheu und vermeiden meist das Überqueren von Wegen.

Vom **Florida-Puma/Florida Panther** leben nur noch 30–50 Tiere in freier Wildbahn. Es sind keine Angriffe auf Menschen bekannt. Früher war der Puma in Nordamerika vom Atlantik bis zum Pazifik verbreitet; heute ist die Florida-Population die einzige östlich des Mississippi. Die übrigen sind vor allem durch direkte Bejagung ausgestorben und durch Abschuss des Hauptnahrungstieres, des Weißwedelhirsches dezimiert worden. Das Jagd- und Streifgebiet eines Männchens hat eine Größe von 1000–1300 km², so dass es im Südosten der USA nur noch wenige Lebensräume mit ausreichender Größe für diesen sehr heimlichen Einzelgänger gibt. Die besten Zeiten für die äußerst seltenen Begegnungen mit Pumas sind der späte Abend und der frühe Morgen. Die Florida-Unterart ist anhand von Fellmerkmalen und dem gekrümmten Schwanzende erkennbar, Kennzeichen, die möglicherweise auf Inzucht hindeuten. Die Tiere sind leichter als die westlichen Pumas und dunkler in der Farbe, mit kleineren Pfoten und längeren Beinen als die westlichen Pumas. Die meisten haben im Süden Floridas in der Big-Cypress-Region (s.S.37) und der nördlichen Everglades-Region in schwer zugänglichen und geschützten Sumpfgebieten überlebt. Als Nahrung dienen Kaninchen, Waschbären, Vögel, Gürteltiere, kleine Hirsche, aber auch Insekten. In den vergangenen Jahren wurde mit intensiven Forschungen und einem Artenschutzprogramm begonnen. In Nordflorida wird versucht, Pumas im Apalachicola National Forest (s.S.70) und im Norden des Osceola National Forest (s.S.63) wieder einzubürgern.

Zu den <u>Zahnwalen</u> zählt der größte und häufigste der 10 Delphinarten, der **Große Tümmler/Bottle-nosed Dolphin**. Wer in den warmen und flachen Gewässern der Ten Thousand Islands (s.S.36), in der Florida Bay, Whitewater Bay, Biscayne Bay (s.S.22) oder an der Golfküste mit dem Boot fährt, wird wahrscheinlich Delphine sehen. Gelegentlich treiben sie Fische in das Flachwasser um die kleinen Mangroveinseln der Florida Bay, um diese leichter fangen zu können. Im Indian River an der Atlantikküste leben einige der zutraulichsten Delphine Floridas. Es gibt jedoch keine Garantie, daß die Tiere erscheinen. Die Anwesenheit eines Delphins zeigt aber in der Regel, dass weitere in der Nähe sind.

Der zu den <u>Seekühen</u> gehörende **Nagelmanati/West Indian Manatee** ist eines der populärsten Tiere Floridas und einst bei Seefahrern die Quelle für Legenden über Meerjungfrauen. Als Säuger müssen Seekühe, die entfernt mit den Elefanten verwandt sind, Luft atmen, so dass man oft nur die Spitze ihrer Nase im Wasser sieht. Erwachsene Manatis, die bis 3,50 m lang werden, haben keine Feinde in der Wildnis und daher auch keine Verteidigungswaffen wie Krallen oder Zähne. Die sanftmütigen Tiere können bei Bedrohung nur flüchten. Manatis weiden mit ihrer leicht nach unten gebogenen Schnauze Wasserpflanzen wie Seegras im Flachwasser der Küsten und Unterläufe der Flüsse ab. Sie leisten hier außerordentlich wertvolle Dienste, indem sie die großen Mengen der exotischen Wasserhyazinthen dezimieren, die viele Kanäle

zuwuchern. Seekühe haben trotz ihres Gewichts von 500–1000 kg keine dicke Fettschicht als Kälteschutz und müssen daher warme Gewässer aufsuchen, wenn die Wassertemperatur unter 13°C fällt, wie es in Florida oft ab Mitte November der Fall ist. Früher überwinterten die Seekühe an der südlichen Spitze Floridas und in einigen warmen Quellabflüssen wie bei Crystal River, Homosassa (s.S.50) oder am St. Johns River im Blue Spring State Park (s.S.54). Der Bau von Kraftwerken mit warmen Kühlwasserabflüssen erlaubt es ihnen heute, auch weiter nördlich zu überwintern wie bei Apollo Beach (Big Bend Manatee Viewing Center, s.S.49). Leider gibt es hier jedoch oftmals keine geeigneten Weideflächen, so dass die Seekühe längere Zeit während der Kälteperioden ohne Nahrung auskommen müssen.

Florida beherbergt die einzige Population der Seekühe in den USA mit 2 200 – 2 600 Tieren, die streng geschützt sind. Eine erhebliche Gefährdung besteht heute besonders durch den Verlust der ungestörten Seegraswiesen vor den flachen Küsten (seit 1960 über 80 % zerstört oder erheblich

Der friedliche Nagelmanati/West Indian Manatee kann in der Natur 60–70 Jahre alt werden.

beeinträchtigt). Die Manatis müssen in tiefere Gewässer ausweichen, wo sie in Fischernetze geraten oder oftmals mit Schiffsschrauben kollidieren und verletzt werden. Um die Gefährdung zu verringern wurde daher in Manati-Gebieten ein Tempolimit für Motorboote eingeführt (No Wake Zone) oder das Befahren gänzlich untersagt. Verschiedene Einrichtungen kümmern sich um die Rettung und Pflege kranker, verletzter und verwaister Seekühe wie der Homosassa Springs State Wildlife Park (s.S.50).

Viele der empfindlichen Tiere und ihr Nachwuchs lassen sich jedoch nicht wieder in der freien Natur auswildern, so dass die Aufzucht in Zoos nicht den freilebenden Bestand retten kann.

Die Huftiere sind in Florida mit 2 heimischen Arten vertreten. Wohl jeder Besucher sieht in den Waldgebieten zumindest einige der zahlreichen **Weißwedelhirsche/ White-tailed Deer**, die in den State Parks oft wenig Scheu zeigen. Auffällig ist beim Laufen der unterseits und am Rand weiße

Fremde Eindringlinge

In keinem Staat der USA haben sich mehr fremde Pflanzen und Tiere angesiedelt als in Florida. Eingebürgerte Säugetiere, die man heute in vielen Teilen Floridas finden kann, sind Wildschwein, Gürteltier und Nutria. Beim Hurricane Andrew 1992 entkamen Affen, Papageien und Reptilien aus dem Miami Metrozoo. Mehrere exotische Vogelarten wie südamerikanische Mönchsittiche oder asiatische Mainas haben sich in der Miami-/Fort Lauder-

Mönchsittiche/Monk Parakeet haben Telefonmasten als Brutplätze entdeckt.

dale-Region und in Tampa/St. Petersburg dauerhaft angesiedelt.

Exotische Tiere und Pflanzen haben in ihrer neuen Heimat meist keine Feinde, oder es fehlen Krankheiten, die ihre Ausbreitung unter Kontrolle halten würden. Sie konkurrieren oft mit heimischen Arten und verdrängen sie. Die aus dem tropischen Amerika stammende riesige Aga-Kröte ist Nahrungskonkurrent der heimischen Krötenarten. Fruchtfliegen aus dem Mittelmeerraum und der Karibik haben mehrfach die Zitrusernte in Florida bedroht. Das Wurzelsystem der Casuarinen verhindert an Stränden vielfach, dass Seeschildkröten ihre Gelege eingraben können. Wasserquirl, eine Aquarienpflanze, ebenso wie afrikanische Barsche haben sich in vielen Seen und Kanälen explosionsartig vermehrt und die heimische Wasservegetation und Fischarten verdrängt.

Um die Schäden an den ursprünglichen Ökosystemen wie Küstendünen oder Sumpfgebieten zu reduzieren, sind in den Schutzgebieten meist mühsame und kostspielige Wiederherstellungsprogramme notwendig, um die Fremdlinge zu entfernen und wieder durch einheimische Arten zu ersetzen.

Weißwedelhirsche/White-tailed Deer ernähren sich auf den Keys sogar von Salzpflanzen.

Schwanz, der aufgestellt und gespreizt wird (»Wedel«). Im Osten der Vereinigten Staaten war der Weißwedelhirsch einst nahezu ausgerottet, das wichtige Jagdwild hat sich jedoch mit Hilfe des Menschen wieder stark ausgebreitet.

Stark bedroht ist nach wie vor die kleinste Unterart des Weißwedelhirsches, der **Key-Hirsch/Key Deer** auf Big Pine Key an der Südspitze Floridas. Die geringere Größe von etwa 75 cm und Anspruchslosigkeit der kleinen Hirsche kann man als Anpassung an das heiße Klima an der Südspitze Floridas deuten. Sie können sogar gelegentlich Salzwasser trinken und ernähren sich von mehr als 150 Pflanzenarten, darunter von den salzhaltigen Blättern der Mangroven. Key-Hirsche zeigen wenig Scheu. Füttern ist jedoch verboten, da sie schnell lernen, sich Menschen (und Häusern bzw. Autos) mit Nahrung anzuschließen. Der Bestand der winzigen Hirsche hatte durch Jagd, Lebensraumzerstörung und Automobilkollisionen den gefährlich niedrigen Wert von nur ca. 50 Individuen erreicht, als 1957 ein Reservat (National Key Deer Refuge, s.S.28) eingerichtet wurde. Seitdem besteht ein Jagdverbot und durch Tempolimits und Regeln wurden die Störungen reduziert, so dass sich die Zahl auf heute ca. 250–300 Tiere erholt hat. Schilder an der US 1 zeigen aber auch derzeit eine hohe Anzahl von Verkehrsunfällen, so dass die Zukunft sehr ungewiss erscheint!

Der **Amerikanische Bison/Bison** kam früher bis Mittelflorida vor und starb hier durch Bejagung im späten 18. Jh. aus. Im Paynes Prairie State Preserve (s.S.62) lebt seit 1975 wieder eine kleine Herde aus Oklahoma eingeführter Bisons. Auch die zahlreichen **Wildschweine/Wild Hog** sind eingebürgert und richten in vielen Waldgebieten erhebliche Schäden an.

Vögel

Von den rund 700 nachgewiesenen Vogelarten Floridas (zum Vergleich rund 750 Arten in Nordamerika nördlich von Mexiko) gelten über 150 Arten als Brutvögel. Wegen der günstigen Witterungsbedingungen im Winterhalbjahr ist die Zahl der Durchzügler und Wintergäste besonders hoch.

Unter den <u>Lappentauchern</u> ist der im Osten der Vereinigten Staaten verbreitete, kleine bräunliche **Bindentaucher/Pied-billed Grebe** auf vielen Teichen und Seen Floridas anzutreffen. Der große **Prachtfregattvogel/**

Meist segeln Prachtfregattvögel/Magnificent Frigatebird über Südfloridas Stränden.

Magnificent Frigatebird mit auffälligem Gabelschwanz wird vor allem an der Golfküste beobachtet. Er brütet in Nordamerika nur auf Marquesas Key vor Key West.
Eine Gruppe fliegender **Braunpelikane/ Brown Pelican** am Strand bietet einen großartigen Anblick. Zur Nahrungssuche tauchen sie in spektakulären Sturzflügen aus 3-10 m Höhe nach Fischen. Während der Brutzeit im zeitigen Frühjahr sind Kopf und Nacken gelb gefärbt. Regelmäßig sieht man Pelikane in den Häfen am Golf von Mexiko wie Cedar Key (s.S.67) oder auf den Florida Keys. Die Bestände der in Kolonien brütenden Vögel sind jedoch besonders durch Pestizidanreicherung und Beeinträchtigungen der Mangroveküsten stark zurückgegangen. Der weiße **Nashornpelikan/White Pelican** ist in Florida ein Wintergast, der in den Küstenlagunen Süd- und Mittelfloridas im Schwimmen nach Fischen jagt.
Den amerikanischen Schlangenhalsvogel **Anhinga/Anhinga**, mit langem Hals und dünnem Dolchschnabel, sieht man oft, wie er seine ausgebreiteten Flügel am Ufer von Seen und Kanälen trocknet. Männchen erkennt man an den weißen Tropfenflecken und Federsäumen auf dem Rücken, während bei Weibchen Hals und Kopf heller braun gefärbt sind. Zur Brutzeit ist die Wachshaut um das Auge wunderschön blau gefärbt. Der Anhinga brütet auf Bäumen und Büschen, oft zusammen mit Reihern und Kormoranen. Die weit verbreitete **Ohrenscharbe / Double-crested Cormoran** mit dunklem Gefieder und gelber Kehlfärbung kommt überall an den Küsten, Flüssen wie dem St. Johns River oder Kanälen wie am Tamiami Trail vor. Auch die Kormorane sind ausgezeichnete Schwimm- und Tauchvögel, die sich im Streckenflug mit schnellem Flügelschlag oft zu großen Keilen und langen Linien formieren können.
Alle 12 Reiherarten Nordamerikas kommen in Florida vor. Die Anwesenheit der unauffälligen **Nordamerikanische Rohrdom-**

Ohrenscharbe/Double-crested Cormorant beim Flügeltrocknen.

Schlangenhalsvogel/Anhinga, kenntlich am spitzen Schnabel.

Blaureiher/Little Blue Heron.

Kuhreiher/Cattle Egret besiedeln Florida seit 40 Jahren.

Krabbenreiher/Yellow-crowned Night-Heron ruhen am Tag meist im Ufergebüsch.

Dreifarbenreiher/Tri-colored Heron in der Ufervegetation.

Schmuckreiher/Snowy Egret jagen gern an Fischmolen und Brücken

Braunsichler/Glossy Ibis kommen mehr im Inland Floridas vor.

Schneesichler/White Ibis mit leuchtend rotem Schnabel.

mel/**American Bittern** kann man am ehesten im Frühjahr an ihren Rufen erkennen. Der auffälligste und größte Schreitvogel ist der **Kanadareiher/Great Blue Heron** mit grauem Rücken, dunkelschiefergrauem Bauch und weißlichem Kopf mit schwarzer Federhaube. Die Art brütet auf Bäumen in Kolonien, jagt aber auch abseits von Gewässern auf Feldern nach Kleinsäugern. In Südflorida wie in den Everglades tritt der Kanadareiher auch in einer weißen Form auf (grüngelbe Beine und Schnabel). Auch der kleinere Silberreiher/**Great Egret** ist weiß, die Beine sind jedoch schwarz gefärbt. Weiter verbreitet ist der kleine weiße **Schmuckreiher/Snowy Egret** mit schwarzem Schnabel und auffälligen gelben Füßen. Während der Nahrungssuche im Seichtwasser zeigt diese Reiherart eine erstaunliche Vielfalt an Jagdmethoden: Lauern, Laufen, Trippeln im Schlamm oder Rütteln über dem Wasser. Der kleine, gelbschnäblige **Kuhreiher/Cattle Egret** ist erst seit Anfang der 1950er

Der seltene Waldstorch/Wood Stork ist die einzige Storchart der USA.

Jahre in Florida häufiger auf Viehweiden zu beobachten. Eine typische Art der Mangrovesümpfe und Küstengewässer ist der blauweiß gefärbte **Dreifarbenreiher/Tricolored Heron**. Der als Jungvogel völlig weiße **Blaureiher/Little Blue Heron** färbt sich erst als Altvogel blaugrau. Hals und Kopf sind dunkelrötlich. Er kommt besonders in den Schwimmpflanzenzonen stehender Gewässer vor wie in der Corkscrew Swamp (s.S.39). Die kleinste Reiherart Floridas, der gedrungene, rötlichbraune **Mangrovereiher/Little Green Heron** mit grünlich schimmerndem Rücken verhält sich eher unauffällig. Er lauert meist in der Ufervegetation mit eingezogenem Kopf nach kleinerer Beute. Der in Florida meist dunkel gefärbte **Blaufußreiher/Reddish Egret** hat hingegen eine auffällige Technik bei der Nahrungssuche. Er läuft mit gespreizten Flügeln durch die Küstenmarschen, um Fische zu fangen, die er mit seinem Schatten anlockt. Der am gelblichen Oberkopf mit weißem Scheitel leicht zu erkennende, grau gefärbte **Krabbenreiher/Yellow-crowned Night Heron** ist in Florida weiter verbreitet als der größere **Nachtreiher/Black-crowned Night Heron**. Während der Brutzeit tragen beide Arten am Kopf einige verlängerte weiße Schmuckfedern. Mit dem kräftigen Schnabel werden weniger Fische als vielmehr hartschalige Krabben und andere kleinere Wassertiere erbeutet.

Während der dunkle **Braunsichler/Glossy Ibis** mehr im Inland Floridas vorkommt, sieht man die rotschnäbligen **Weißen Sichler/White Ibis** auch häufiger in Trupps an den Stränden bei der Nahrungssuche. Jungvögel sind an den braunen Oberflügeln erkennbar. Eindrucksvoll sind die riesigen Zahlen dieser Ibisart an ihren Schlafplätzen wie den Mangroveinseln der Ten Thousand Islands (s.S.37).

Die meisten der Reiher- und Sichlerarten brüten in gemischten Kolonien, die während der Brutzeit nicht zugänglich sind. Die größten liegen auf den Inseln an der Mangroveküste wie vor Cedar Key (s.S.67), wo Feinde wie besonders Waschbären die Horste mit Eiern und Jungvögeln nicht so leicht erreichen. Gute Beobachtungsmöglichkeiten bieten sich im Okefenokee NWR (s.S.64; Zufahrt per Boot von den Besucherzentren), in der Alligator Farm bei St. Augustine (s.S.58), Merritt Island NWR (s.S.53), Loxahatchee NWR (s.S.30), J. N. »Ding« Darling NWR (s.S.40) sowie am Stadtrand von Venice, südlich Sarasota.

Der große, schwarz-weiß gefärbte **Waldstorch/Wood Stork** hat starke Bestandseinbußen durch (noch andauernde) Lebensraumverluste erlitten. Heute gibt es nur noch 4 000–5 000 Brutpaare gegenüber etwa 75 000 im Jahr 1930. Der einzige in Nordamerika brutende Storch benötigt Feuchtgebiete mit periodischer Überschwemmung, gefolgt von Austrocknung. Der Fischfang im Flachwasser wird durch zu hohe Wasserstände erschwert. Gute Beobachtungsmöglichkeiten gibt es im Corkscrew Swamp Sanctuary (s.S.39) sowie an den Kanälen des Tamiami Trail westlich Miami. Auch der wunderschöne **Rosalöffler/Roseate Spoonbill** war bis in die 1950er Jahre fast ausgestorben, nachdem er wegen seiner Federn stark verfolgt wurde. Durch wirksamen Schutz breitet sich die Art heute wieder aus. Mit ihrem an der Spitze löffelförmig verbreiterten Schnabel durchseihen die Vögel Salzsümpfe und Lagunen nach kleinen Fischen und wirbellosen Wassertieren wie im J.N. »Ding« Darling NWR auf Sanibel Island (s.S.40) oder im Merritt Island NWR (s.S.53). Die Brutzeit ist im Süden von November bis Dezember, in Mittelflorida im April. Der ebenfalls rosa gefärbte **Flamingo/Greater Flamingo** tritt als Gast aus der Karibik regelmäßig in der Florida Bay auf.

Der **Kanadakranich/Sandhill Crane**, der in Florida sowohl brütet als auch überwintert, begegnet einem am ehesten in der Graslän-

Der Rallenkranich/Limpkin ernährt sich von Apfelschnecken und ruft nachts auffällig.

Kanadakraniche/Sandhill Cranes brüten in Wiesen und Sümpfen Zentral- und Nordfloridas.

Der flache, löffelartige Schnabel lässt beim Rosalöffler/Roseate Spoonbill keine Verwechslung mit einem Flamingo zu.

Das langzehige Purpurhuhn /Purple Gallinule läuft elegant über Teichrosenblätter.

Der Schwarzmantel-Scherenschnabel/Black Skimmer brütet auf Sandbänken.

Ringschnabelmöwen/Ring-billed Gulls sind ganzjährig häufig.

dern Mittelfloridas. Aufgrund ihrer großen Statur und dem roten Oberkopf sind Kraniche leicht auch aus dem Auto heraus zu erkennen. Die Paare bleiben das ganze Leben über zusammen, ihre Paarbindung wird durch auffällige »Tänze« und laute Rufe erneuert. Paynes Prairie State Preserve südlich von Gainesville (s.S.62) ist mit bis zu 2 500 Individuen das größte Rastgebiet im Winter. Die Zuzügler aus dem Norden verlassen Florida ab Februar, wenn für die heimischen Vögel die Brutzeit beginnt. Seit 1993 versucht die Florida Game and Fresh Water Fish Commission **Schreikraniche/Whooping Crane** in der Three Lakes Wildlife Management Area (s.S.45) wieder freizulassen. Diese waren seit 1935 ausgestorben. Die Ansiedlungen erweisen sich als schwierig, da zahlreiche Jungvögel Rotluchsen, den natürlichen Feinden der Kraniche, zum Opfer fallen.

Riesige Mengen an <u>Enten</u> treten als Wintergäste in Florida auf wie die **Blauflügelente/Blue-winged Teal,** bei der man das Männchen an dem blaugrauen Hals und Kopf mit weißer Zeichnung erkennt. Auch das Männchen der **Amerikanischen Pfeifente/American Wigeon** hat einen grauen Kopf mit weißem Scheitel und breitem grünen Augenstreif. Weitere häufige Arten sind **Rotkopfente/Redhead, Halsringente/Ringnecked Duck,** **Büffelkopfente/Bufflehead** und **Kappensäger/Hooded Merganser.** Am Golf von Mexiko im St. Marks NWR (s.S.68) können sich auf den Stauteichen und in der Apalachee Bay bis zu 80 000 Enten, Säger und Gänse pro Jahr aufhalten. Auch im Paynes Prairie State Preserve im Inland (s.S.62), im Merritt Island (s.S.53) oder Loxahatchee NWR (s.S.30) am Atlantik treten große Wasservogelkonzentrationen auf. Von November bis Januar werden sie jedoch in zahlreichen Gebieten intensiv bejagt. Die besonders farbenprächtige **Brautente/Wood Duck** bevorzugt Zypressensümpfe mit älterem Baumbestand und Höhlen, in denen sie ihre Jungen großzieht. Heute wird sie oft durch das Aufhängen von Nistkästen gefördert.

Der **Rallenkranich/Limpkin**, der einzige Vertreter seiner Ordnung, erreicht in Florida und den Okefenokee-Sümpfen (s.S.64) die Nordgrenze seiner Verbreitung. Der langbeinige, braune Vogel mit ibisartigem Schnabel sucht an Gewässerrändern und in der Sumpfvegetation nach Beute. Wichtiges Nahrungstier ist die Apfelschnecke, aber auch Insekten und Frösche stehen auf dem Speisezettel. Zum Rasten setzt er sich auch gern auf Bäume.

Unter den <u>Rallen</u> ist das auch in Europa vorkommende **Teichhuhn/Common Moorhen** weit verbreitet. Lebensraum des wunderschön metallisch-blauen **Purpurhuhns/Purple Gallinule** sind die Teichrosenflächen von Seen und Kanälen. Das **Amerikanische Blässhuhn/American Coot** ähnelt seinen europäischen Verwandten, trägt jedoch ein kleines, rotbraunes Stirnschild.

Große Zahlen von <u>Watvögeln</u> wie Strandläufer und Regenpfeifer ziehen vor allem von März bis Mai und September bis November Floridas Küsten entlang. Auffällige Arten sind der dunkle **Braunmantel-Austernfischer/American Oystercatcher**, der schwarz-weiße **Stelzenläufer/Black-necked Stilt** und der **Schlammtreter/Willet**, der im Flug eine auffällige schwarz-weiße Bändigung der Flügel zeigt. Die <u>Möwen</u> sind vor allem durch die verbreitete **Ringschnabelmöwe/Ring-billed Gull** vertreten. Häufigste <u>Seeschwalbe</u> auf dem Festland ist die **Königsseeschwalbe/Royal Tern**. In der Florida Bay und am Golf fallen die meist in Gruppen jagenden, schwarzweißen **Schwarzmantel-Scherenschnäbel/Black Skimmer** auf. Die Vögel »durchpflügen« mit dem verlängerten Unterschnabel die Wasseroberfläche nach Fischen und brüten in Kolonien auf Sandbänken, oft gemeinsam mit Seeschwalben.

Zwei Arten der <u>Neuweltgeier</u> kommen in Florida vor. An toten Tieren am Straßenrand sieht man häufig **Truthahngeier/Turkey Vultures** mit rotem Kopf und weißer Unterflügelfärbung sowie die kleineren, einfarbig schwarzen **Rabengeier/Black Vultures**. Beide Arten bauen kein Nest und brüten in Höhlen, Gesteinsspalten sowie unter Büschen am Boden. Truthahngeier übernachten oft in großen Gruppen gemeinsam.

Der bekannteste und größte <u>Greifvogel</u> (22 Arten) ist der **Weißkopfseeadler/Bald Eagle**. Der National- und Wappenvogel der USA ist anhand seines weißen Kopfes und am kräftigen gelben Schnabel leicht zu erkennen. Zur Nahrung gehören nicht nur Fische, Wasservögel und Säugetiere, nicht selten frißt er auch Aas. Im Winter ist die günstigste Zeit zum Fischfang bei niedrigen Wasserständen. In Florida beginnen die Adler daher bereits im November mit der Besetzung der Brutplätze. Die meist 2 Jungvögel verlassen erst im Alter von 70 Tagen die in Bäumen errichteten, mächtigen Horste. Im Sommer wandern die Vögel nach Norden bis nach Kanada ab. Durch Verfolgung und Vergiftung mit Pestiziden gingen die Bestände bis Anfang der 70er Jahre kontinuierlich zurück und die südliche Unterart starb in den meisten Bundesstaaten der USA aus. Nach intensiven Schutzmaßnahmen wie ein Verbot der Verfolgungen, Wiedereinbürgerungsprogrammen und der Fütterung mit unbelasteter Nahrung kom-

Die Amerikanische Pfeifente/American Wigeon ist ein Wintergast aus dem Norden.

men heute in Florida mit über 660 Paaren (1990) die meisten Weißkopfseeadler außerhalb Alaskas vor. Höhere Dichten gibt es in der Prairie-Lakes-Region bzw. Three Lakes Wildlife Management Area (s.S.45), im Ocala National Forest (s.S.57) am St. John's River, aber auch im St. Marks NWR (s.S.68) an der Golfküste. Der kleinere **Fischadler/Osprey** kommt oft gemeinsam mit Seeadlern vor. Er nistet jedoch meist in toten Bäumen, auf Masten oder Seezeichen am Meer. Auch der Bestand dieser Adlerart ist durch Pestizide und Lebensraumverluste beeinträchtigt; Fischadler haben sich jedoch ebenfalls dank Schutzmaßnahmen und verringerter Pestizidbelastung wieder vermehrt. Viele brüten heute auf künstlichen Holzplattformen. Höhere Zahlen von Brutpaaren gibt es am Golf im Lower Suwannee NWR (s.S.67), im Ocala National Forest (s.S.57) und auf den Keys, z. B. beim National Key Deer Refuge (s.S.28).

Unter den Greifvögeln ist der **Rotschwanzbussard/Red-tailed Hawk** in trockeneren Gebieten am weitesten verbreitet. Die Gefiederfärbung ist variabel, es fallen jedoch der relativ kurze, hell rostrote, gerundete Schwanz und die weißliche, dunkel gefleckte Unterseite auf. Der langschwänzigere **Rotschulterbussard/Red-shouldered Hawk** kommt dagegen bevorzugt in der Nähe von Feuchtgebieten und Gewässern vor. Auch bei ihm variiert die Gefiederfärbung sehr stark, die rostroten Schultern heben sich mehr oder weniger deutlich von der dunkelbraunen bis grauen Oberseite ab. Die seltenere, schwarzweiße **Schwalbenweihe/Swallow-tailed Kite** ist am tief geteilten Schwanz leicht erkennbar. Bevorzugte Nahrungstiere dieses eleganten Greifvogels sind Libellen, Eidechsen und Schlangen. In offenen Landschaften auf Zweigen von Bäumen oder Telefonmasten sitzt oft der kleine **Buntfalke/American Kestrel**. Der größere **Wanderfalke/Peregrine Falcon** ist regelmäßiger Durchzügler.

Die seltene und gefährdete **Schneckenweihe/Snail Kite** ist eine der Raritäten der Vogelwelt Floridas. Die Männchen sind schiefergrau, Beine und Gesichtshaut sind orangerot. Weibchen und Jungvögel sind oberseits dunkelbraun, mit weißlicher Stirn und weißlichem Überaugenstreif. Auffällig ist der verlängerte, stark abwärts gebogene Oberschnabel. Es sind tropische Vögel, die in Sümpfen Mittel- und Südamerikas weiter verbreitet sind und in Florida ihre nördliche Verbreitungsgrenze erreichen. Die Schneckenweihe benötigt niedrige Sumpfvegetation, um an ihre Hauptnahrung, die Apfelschnecken (*Pomacea*), gelangen zu können, die sie im Flug erspäht. Die größte Wahrscheinlichkeit, die geselligen Vögel zu beobachten, gibt es im Loxahatchee NWR (s.S.30) sowie in den nördlichen Everglades am Tamiami Trail. Der starke Propellerbootverkehr drückt in diesem Gebiet das Gras herunter, so dass die Schnecken besser sichtbar sind.

Ein Charaktervogel der offenen Viehweiden Mittelfloridas ist der **Karakara** oder **Carancho-Falke/Crested Caracara**. Die dunklen, langbeinigen Caranchos sind von den südlichen USA bis nach Südamerika und Feuerland verbreitet. Der schwarze Oberkopf steht im Kontrast zu den scharf abgesetzten, weißen Wangen. Die nackte Gesichtshaut ist fleischfarben. Die »Geierfalken« laufen gern am Boden umher, fangen Kleintiere oder versammeln sich gemeinsam mit Neuweltgeiern an Abfällen und Aas.

Häufigster Hühnervogel Floridas ist die **Virginia-Wachtel/Northern Bobwhite**, die in Kiefernwäldern mit Sägepalmen-Unterwuchs weit verbreitet ist und intensiv bejagt wird. Das **Truthuhn/Wild Turkey**, die Stammform des domestizierten Truthuhns, ist in den offenen Waldlandschaften Mittel- und Nordfloridas wieder häufiger geworden. Der Truthahn kann die langen Schwanzfedern während der Balz im Früh-

Schneckenweihen/Snail Kite verzehren nur Apfelschnecken.

Fischadler/Osprey sind in Florida nicht scheu.

Rabengeier/Black Vulture sind vollständig schwarz.

Der Weißkopfseeadler/Bald Eagle ist Wappenvogel der USA.

Rotschulterbussarde/Red-shouldered Hawk bewohnen gern Sumpfgebiete.

Kaninchenkäuze/Burrowing Owl graben ihre Wohn-höhlen selbst.

jahr zu einem Rad schlagen. Die rote Gesichtsfärbung ist während dieser Zeit besonders intensiv.

Eine Besonderheit unter den <u>Taubenvögeln</u> Floridas ist die dunkle, früchtefressende **Weißscheiteltaube / White-crowned Pigeon**, die auf den Keys in Mangroven brütet. Die einzige <u>Papageienart</u> Nordamerikas, der ehemals auch in Florida vorkommende **Carolinasittich/Carolina Parakeet** ist seit Anfang des 20. Jh. ausgestorben. Stattdessen kommen heute mehrere aus Gefangenschaft entflohene Arten vor. **Mönchsittich/Monk Parakeet** und **Weißflügelsittich/Canary-winged Parakeet** ziehen ihre Jungen in Höhlen von Straßenbäumen oder Telefonmasten auf. Besonders häufig sieht man sie an der Ostküste in Miami und Umgebung oder bei St. Augustine.

Auch der zu <u>Kuckucken</u> gehörende **Glattschnabelani/Smooth-billed Ani** ist eine Besonderheit im Buschland und in Feuchtgebieten Südfloridas. Die schwarzen Vögel mit besonders kräftigem Oberschnabel suchen in kleinen Trupps nach Insekten, vor allem Heuschrecken. Weitere eher unauffällige Kuckucksarten sind der **Gelbschnabel-Kuckuck/Yellow-billed Cuckoo** mit weißer Brust und der seltene **Mangrove-Kuckuck/Mangrove Cuckoo** Südfloridas mit gelbbrauner Brust.

Der Lebensraum des kräftigen **Streifenkauzes/Barred Owl** sind Wälder, vor allem alte Eichenbestände und Zypressensümpfe. Man kann ihn leicht an den dunklen Augen und der gestreiften Unterseite erkennen. Eine vollständig andere Lebensweise hat der **Kaninchenkauz/Burrowing Owl**, der in meist mehreren Paaren in offenen Graslandschaften auf Flughäfen (z. B. Miami International) und Sportplätzen in Bodenhöhlen brütet. Fühlen sich die langbeinigen Käuze bedroht, lassen sie ein ratterndes Geräusch hören, das an eine Klapperschlange erinnert. Tagsüber sitzen die Käuze gern auf erhöhten Pfosten und anderen Warten, um nachts auf die Suche nach Insekten und anderen Kleintieren zu gehen. Die <u>Nachtschwalben</u> sind durch die **Carolinanachtschwalbe/Chuck-Wills-Widow** vertreten, deren Ruf man oft in Sommernächten hört. Die braun gezeichnete **Falkennachtschwalbe/Common Nighthawk** ist im Sitzen hervorragend getarnt. Im Flug zeigt sie ihre auffälligen, weißen Streifen in jedem Flügel. Oft jagt sie in der Abenddämmerung über der Straße nach Insekten oder vollführt mit auffälligen Fluggeräusch ihre Balzflüge. Die einzige <u>Kolibriart</u> Floridas, der **Rubinkehlkolibri/Ruby-throated Hummingbird**, ist oberseits leuchtend grün. Das Männchen hat eine karmesinrote Kehle, die des Weibchens ist weißlich. Es baut sein winziges Nest aus Spinnweben und Flechten in den Zweigen von Laubbäumen. Besonders im Winter sieht man Kolibris, überwiegend Zuzügler aus dem Norden, auf den Keys bei der Nektarsuche vor Blüten schwirren. Auf Zweigen oder Telefondrähten über Kanälen, Flüssen und Seen sitzt der in Nordamerika weit verbreitete

Der Carolinaspecht/Red-Bellied Woodpecker baut seine Höhle gern in toten Palmen oder Eichen.

Gürtelfischer/Belted Kingfisher, der leicht an seinem blauen Kopf und blaugrauem Brustband zu erkennen ist. Meist jagt er aus dem Rüttelflug heraus nach Fischen.

Die häufigste Spechtart in Eichenwäldern und an Palmen ist der Carolinaspecht/Redbellied Woodpecker mit fein schwarz-weiß gemustertem Rücken und rotem Oberkopf. Der Goldspecht/Common Flicker hat gelbe Unterflügel- und Schwanzfedern und eine gefleckte Unterseite. Man sieht ihn oft am Boden auf der Suche nach Ameisen. Nach dem zuletzt 1969 gesehenen und wohl endgültig ausgestorbenen Elfenbeinspecht/Ivory-billed Woodpecker ist der Helmspecht/Pileated Woodpecker die größte Spechtart. Er ist durch kräftigen Schnabel, schwarze Oberseite und rote Kopfhaube charakterisiert und typisch für alte Laub- und Sumpfzypressenwälder. Der bedrohte, schwarzweiß gefärbte Kokardenspecht/Red-cockaded Woodpecker baut seine Baumhöhlen immer in lebende Kiefern, was leicht am starken Harzfluss zu erkennen ist. Im Gegensatz zu anderen Spechten ist die Art sehr sozial und meist bewohnen Gruppen von bis zu 9 Vögeln mehrere Höhlen.

Unter den zahlreichen Sperlingsvögeln Floridas (ca. 300 Arten) sind die Tyrannen mit mehreren Arten vertreten, darunter der Königstyrann/Eastern Kingbird mit dunklem Kopf weißer Brust und Schwanzspitze.

Die häufigste Schwalbenart ist die Sumpfschwalbe/Tree Swallow, die in riesigen Schwärmen in Florida überwintert und sich in dieser Zeit auch von Früchten ernährt, vor allem denen des Gagelstrauchs. Dieses Gehölz musste auf dem Gelände der Landebahn auf Cape Canaveral entfernt werden, da die riesigen Schwalbenschwärme eine Gefahr für die Space Shuttles darstellten. Eine weitere nistende Schwalbenart ist die auch in Europa heimische Rauchschwalbe/Barn Swallow. Die oft in künstlichen Nisthöhlen brütende, einheitlich dunkelbraune Purpurschwalbe/Purple Martin gehört zu den

Die bräunliche Spottdrossel/Mockingbird hat ein riesiges Gesangsrepertoire.

ersten Zugvogelarten, die im Spätwinter wieder nach Florida zurückkehren. Der schwarzgrau gefärbte Louisianawürger/Loggerhead Shrike mit schwarzem Augenstreif ist ein typischer Brutvogel der offenen Grasländer Mittelfloridas und fängt große Insekten, Mäuse, kleine Vögel und Eidechsen. Der häufigste Zaunkönig in Florida ist der weit verbreitete Carolinazaunkönig/Carolina

Der seltene Buschhäher/Scrub Jay ist auf sandige Gegenden mit Buschvegetation beschränkt.

Die Männchen des Rotschulterstärlings/Red-winged Blackbird fallen durch ihren leuchtend roten Flügelfleck auf.

Beim Rotkardinal/Northern Cardinal singen sowohl Männchen als auch Weibchen.

Ständig rufend und lärmend: dunkelblaues Männchen der Bootschwanzgrackel/Boat-tailed Grackel.

Wren, der durch seinen lauten Gesang auffällt.

Der Vogel des Bundesstaates Florida ist die **Spottdrossel/Mockingbird**. Sie ist ein hervorragender Sänger, die viele andere Stimmen und Geräusche imitieren kann. Sie verteidigen ihr Revier oft sehr heftig und fliegen Krähen, Haustiere und auch den Menschen an.

Im Gegensatz zu dem in Wäldern weit verbreiteten **Blauhäher/Blue Jay** hat der seltenere und bedrohte **Buschhäher/Scrub Jay** keine Federhaube auf dem Kopf, der Rücken ist bräunlich, und er hat keine weißen Flügelzeichnungen. Buschhäher leben in Familienverbänden, in denen sich ältere Geschwister und verwandte Vögel an der Jungenaufzucht einzelner Paare beteiligen. Zwei einander ähnliche, einfarbig schwarze Krähenarten kommen in Florida vor: **Amerikanerkrähe/American crow** und die **Fischkrähe/Fish crow** an Gewässern. Der **Haussperling/House Sparrow** wurde 1850 eingeführt und hat sich neben dem **Europäischen Star/European Starling** zu einem der häufigsten Vögel Nordamerikas entwickelt. Der wunderschön gefärbte **Pabstfink/Painted Bunting** mit roter Brust und indigoblauem Kopf ist auf wenige Gebiete beschränkt. Im Winter ist dieser bunteste Vogel Nordamerikas Gastvogel besonders an der Südspitze Floridas, im Sommer Brutvogel nur im äußersten Nordosten. Den leuchtend gefärbte **Rotkardinal/Northern Cardinal** sieht man im Frühjahr oft paarweise. Der laut pfeifende Gesang ist das ganze Jahr über zu hören.

Die langschwänzige **Rötelgrundammer/Rufous-sided Towhee** mit dunkelbrauner Ober- und weiß-rötlicher Unterseite sucht ihre Nahrung am Boden, indem sie Blätter hüpfend mit beiden Füßen beiseite schiebt, um an Samen oder Insekten zu gelangen. Brutvogel an den Küsten ist auch die dunkel gestreifte **Strandammer/Seaside Sparrow**. Die übrigen, sich von Grassamen ernährenden

Ammernarten kommen zumeist nur als Wintergäste in Florida vor.

Die buntgefärbten Tangaren sind in Florida durch die **Sommertangare/Summer Tanager** vertreten. Vom rotgefärbten Männchen und gelblichen Weibchen werden Insekten im Flug gefangen. Die meisten Arten der **Vireos** sind aufgrund ihrer grünlichen Färbung wenig auffällig. Die Familie der bunten Waldsänger ist in Florida durch fast alle nordamerikanischen Arten (53) auf dem Durchzug oder als Brutvogel vertreten. Typische Vertreter sind der gelbliche **Zitronenwaldsänger/Prothonotary Warbler** oder das **Weidengelbkehlchen/Common Yellow-throat** mit schwarzer Gesichtszeichnung.

Eine häufige Art der Stärlinge ist der **Rotschulterstärling/Red-winged Backbird**, der in den meisten Feuchtgebieten Floridas brütet und dessen Männchen im Frühjahr und Sommer auffällig von den Spitzen der Rohrkolben oder Büsche singen und mit den Flügeln flattern. Der **Braunkopf-Kuhstärling/Brown-headed Cowbird** folgt oft bei der Nahrungssuche nach Insekten in größeren Schwärmen Rindern auf der Weide. Der Brutparasit, der seine Eier in die Nester zahlreicher anderer Singvögel legt, breitet sich erst in jüngster Zeit in Florida aus. Der starenähnliche **Lerchenstärling/Eastern Meadowlark** ist an der gelben Unterseite mit schwarzem Brustband und dem braunen Rücken mit hellen Federsäumen zu erkennen. Die singenden Männchen sitzen gut sichtbar auf langen Halmen, Zaunpfählen oder Leitungsdrähten. Besonders auffällig mit blauschwarz glänzendem Gefieder sind die Grackles. Ständig sind ihre lauten, kreischenden Rufe zu hören. Die polygamen Männchen der **Bootschwanzgrackel/Boat-tailed Grackle** schließen sich zu Trupps zusammen und beteiligen sich nicht an der Aufzucht der Jungen. Ihr Lebensraum sind die Salzwassersümpfe nahe der Küste. Die kleinere **Purpurgrackel/Common Grackle**

mit auffälligem, gelbem Augenring kommt häufiger an Binnengewässern und in Siedlungsnähe vor.

Rückzugsgebiete gefährdeter Tiere und Pflanzen

Seit 1950 hat Florida die Hälfte seiner Feuchtgebiete, ein Viertel seiner Wälder und die meisten tropischen Laubwälder und Küstenlebensräume verloren. Unter den zahlreichen Schutzgebieten sind National Wildlife Refuges (NWR) in Florida von besonderer Bedeutung. Es sind Naturschutzgebiete, in denen meist ein gewisses Management durch den Menschen erforderlich ist, um die Lebensgemeinschaften zu erhalten. Viele dieser Reservate wurden gegründet, um die Lebensräume einer einzelnen, gefährdeten Tierart zu schützen. Hierzu zählt Pelican Island in Zentralflorida, das erste Schutzgebiet des Landes (1903), zum Erhalt einer Kolonie Braunpelikane. Neu eingerichtet wurden in den letzten Jahren Crocodile Lake NWR am Rand der Everglades für Spitzkrokodile, Florida Panther NWR für Pumas und das bekannte National Key Deer Refuge für die kleine Unterart des Weißwedelhirsches auf den Keys. Besuchereinrichtungen fehlen in diesen Gebieten meist oder sind sehr spärlich, Camping ist nicht erlaubt.

Für den Naturschutz sind diese Gebiete auch dadurch von besonderer Bedeutung, dass durch Wiedereinbürgerungsprogramme populärer, stark bedrohter Tierarten wie dem Florida-Puma das Umweltbewusstsein in der Bevölkerung gestärkt wird. Nicht zuletzt erhöht sich die Attraktivität vieler Gebiete für den Besucher wie besonders an den zahlreichen geschützten Gewässerabschnitten für Seekühe deutlich wird.

Reptilien

Die Reptilien sind im warmen Florida mit 112 Arten zahlreich vertreten (im Vergleich: Nordamerika nördlich von Mexiko 290 Arten).

Alligatoren und Krokodile

Der **Mississippi – Alligator/American Alligator** ist das auffälligste Reptil Floridas. Männchen erreichen eine Länge bis 5,80 m. Besonders gut sieht man sie bei kühlerem Wetter, wenn sie sich fast den ganzen Tag an den Gewässerufern in die Sonne legen. Durch menschliche Verfolgung war die Zahl der Alligatoren bis Anfang der 1970er Jahre derart zurückgegangen, dass die Art als bedroht eingestuft wurde. Dank strenger Schutzmaßnahmen haben sich die Riesenechsen wieder über den Südosten der USA ausgebreitet. Die Zahl der Alligatoren beträgt heute schätzungsweise 2 Mio., die Hälfte davon lebt in Florida. Weibchen bauen ab Mitte Juni auffällige Nester aus vermodernder Vegetation, in denen sie bis zu 60 hartschalige Eier ablegen. Die Jungen schlüpfen nach etwa 70 Tagen und werden von der Mutter im Maul aus dem Nest geholt. Eier und der Nachwuchs haben zahlreiche Feinde wie Reiher, Waschbären, Opossums und Stinktiere. Die Jungen bleiben 1 Jahr lang mit der Mutter zusammen und rufen bei Gefahr. In den Sommermonaten werden Jungalligatoren in Swimmingpools, auf Golfplätzen, an Bootsrampen, in Brunnen oder sogar innerhalb von Häusern gefunden.

Im trockeneren Winter konzentrieren sich die Alligatoren in wasserführenden Kanälen und Seen. In den Sumpfgebieten graben sie tiefe Löcher (»gator holes«) in den Schlamm des Flachwassers. Besonders in den Everglades haben Alligatoren hierdurch eine wichtige Bedeutung für den Tierartenreichtum. Die wassergefüllten Gruben sind während der Trockenzeit Rückzugsgebiete für die Wassertierwelt wie Insekten, Fische und Schildkröten, aber auch empfindliche Wasserpflanzen. Ohne die Alligatoren würden Reiher, Waschbären und Otter im Winter kaum Nahrung finden.

Die Panzerechsen leben in Florida eng mit dem Menschen zusammen und kommen an Parkgewässern mitten in den Städten vor. An Quellen und Flüssen mit Alligatoren sollte man die markierten, meist überwachten Badebereiche nicht verlassen. Es hat in den letzten 22 Jahren nur 7 Todesfälle durch Alligatoren gegeben. Diese dürfen nicht gefüttert werden, sonst verlieren sie ihre Scheu vor dem Menschen und werden aggressiv, wenn sie Futter haben wollen. Solche Tiere müssen oft getötet werden.

Die besten Plätze, um Alligatoren zu sehen, sind das Okefenokee Swamp NWR (s.S.64) am Nordrand Floridas und der Wakulla

An der Küste Südfloridas sind nur 400–500 Spitzkrokodile/American Crocodile zu Hause.

Mississippi-Alligatoren/American Alligator leben versteckt an nahezu allen größeren Gewässern Floridas.

Springs State Park (s.S.69) südlich von Tallahassee. Im Süden sind die Kanäle am Tamiami Trail (US 41) zwischen Miami und Naples sichere Beobachtungsorte. Hier werden auch auf den Fahrten mit Airbooten Beobachtungen von Alligatoren als Höhepunkt angeboten. Auch im angrenzenden Everglades National Park, Shark Valley (s.S.35) oder Anhinga Trail (s.S.33), gibt es sichere Vorkommen.

Das einzige Gebiet, in dem sich die Verbreitungsgebiete von Alligatoren und **Spitzkrokodilen/American Crocodile** überschneiden, liegt im Süden Floridas, in den Everglades und den Upper Keys. Beide Arten sind leicht zu unterscheiden. Alligatoren haben stumpfe, gerundete Schnauzen, sind schwärzlich und bewohnen in der Regel Süßwasser. Die seltenen Krokodile (ca. 400 Ex.) haben spitze Schnauzen, sind grünlich gefärbt und bevorzugen die Salzwasserlebensräume der Küsten. Mit einer Maximallänge bis 7,50 m ist das Spitzkrokodil das größte Reptil Nordamerikas.

Schlangen

Die Mehrzahl der 50 Schlangenarten in Florida ist harmlos und lebt recht heimlich. Es gibt jedoch 6 giftige Arten, von denen 3 weiter verbreitet sind. Die **Diamantklapperschlange/Eastern Diamondback Rattlesnake** ist die größte Nordamerikanische Klapperschlange. Sie gehört zur Familie der Grubenottern und hat einen kräftigen Körper mit einem scharf abgesetzten, dreieckigen Kopf. Auffallend sind die dunklen, x-förmigen Markierungen auf der Rückseite mit weißem Rand und die auffällige Rassel am Schwanzende. Große Exemplare können länger als 2,4 m werden. Ihr bevorzugter Lebensraum sind sandige Kiefernwälder mit dichtem Unterwuchs aus Sägepalmen. Die nachtaktive, immer seltener werdende Klapperschlange ernährt sich von Kleinsäugern und Vögeln, deren Körperwärme sie mit ihrem Grubenorgan wahrnimmt. Im

Spätsommer bringt das Weibchen 7–21 lebende Junge von bis zu 36 cm Länge zur Welt. Aufgrund ihrer leichten Reizbarkeit und ihres starken Giftes führen Begegnungen mit dieser Schlange nicht selten zu Unfällen.

Die **Wassermokassinschlange/Florida Cottonmouth** ist die Giftschlange, die man am ehesten in der Nähe von Wasser antrifft. Auch sie hat einen kräftigen und breiten Körper, der fast 2 m lang werden kann. Die Jungen sind bräunlich, die alten Schlangen ganz dunkel. Am dreieckigen Kopf fällt ein dunkler Augenstreif auf, der ober- und unterhalb von einem weißen Strich begrenzt ist. Auch diese giftige Schlange geht vorwiegend nachts auf die Jagd, wenn sie jedoch gestört wird, ringelt sie sich in einer typischen Drohhaltung zusammen, zeigt die weißliche Innenseite ihres Mauls und ihr vibrierender Schwanz erzeugt ein raschelndes Geräusch. Auch der **Kupferkopf/Copperhead** mit rotbraunem Zickzackband am Körper gehört zu den Grubenottern und erreicht im Panhandle von Florida die Südgrenze seiner Verbreitung.

Überall in Florida kommt die fingerdicke, schlanke **Harlekin-Korallenschlange/Coral Snake** vor. Ihre farbenprächtige Zeichnung besteht aus schwarzen, roten und gelben Querstreifen. Die Roten und Gelben berühren einander und die Spitze der Nase ist schwarz. Zwei harmlose Schlangenarten

Die Wassermokassinschlange/Florida Cottonmouth wird fast 2 m lang.

sehen sehr ähnlich aus, aber bei ihnen berühren sich die gelben und roten Streifen nicht.

Der Biss jeder giftigen Schlange bedarf einer schnellen medizinischen Behandlung. 85 Mio. Besuchern pro Jahr in Florida stehen 5 Bisse giftiger Schlangen gegenüber und keine Todesfälle. In den gesamten Vereinigten Staaten sterben 100 Menschen pro Jahr durch Blitze, aber nur 10 durch Schlangenbisse. Man sollte Schlangen in Ruhe lassen und nicht töten!

Zu den häufigeren und harmlosen Arten zählt die gelbe, dunkel gestreifte **Erdnatter/Yellow Rat Snake**. Sie kann bis 2,5 m lang werden und kommt in vielen Lebensräumen vor wie Wälder, Sümpfe, alte Gebäude, an Straßen oder Abfallhaufen. Die Nattern können gut klettern und ernähren sich von Kleinsäugern und Vögeln. Die häufige und tagaktive **Braune Wasserschlange/Brown Water Snake** ist auf Gewässer und ihre Ufer beschränkt, wo sie meist auf Ästen und umgefallenen Stämmen in der Sonne liegt. Ihre Nahrung besteht aus Fröschen und Fischen. Braune Wasserschlangen werden oft mit Wassermokassinschlangen verwechselt. Es fehlt jedoch die typische schwarze Zeichnung an beiden Seiten des Kopfes. Eine seltene Natter der Kiefern- und Laubwälder des Inlandes und an der Küste ist die große, dunkle **Indigoschlange/Eastern Indigo**

Die sehr giftige Harlekin-Korallenschlange/Eastern Coral Snake ernährt sich von anderen Schlangen und Eidechsen.

Snake. Mit über 2,6 m erreicht sie die größte Länge aller Schlangenarten Nordamerikas. Sie bewohnt bevorzugt Höhlen der Gopherschildkröten und ist nach Bestandsrückgängen unter Schutz gestellt.

Schildkröten

Die besten Plätze, um in den Vereinigten Staaten Meeresschildkröten zu beobachten, liegen an Floridas Atlantikküste. Der Panzer ist stromlinienförmig und weniger gewölbt als bei Landschildkröten. Die männlichen Tiere nahezu aller Arten bleiben ständig im Ozean. Die Weibchen jedoch müssen zur Eiablage an den Strand kommen. Sie kehren offensichtlich alljährlich an denselben Strandabschnitt zurück, an dem sie auch selbst geschlüpft sind. Hierbei werden sie durch eine Kombination verschiedener Sinne wie Geruch und Erdmagnetfeld geleitet. 5 der 8 Seeschildkrötenarten der Erde kommen in Florida vor: **Unechte Karettschildkröte/Atlantic Loggerhead Turtle**, **Suppenschildkröte/Atlantic Green Turtle**, **Echte Karettschildkröte/Atlantic Hawksbill** und weniger häufig **Bastardschildkröte/Atlantic Ridley** sowie **Lederschildkröte/Leatherback**. 80 % der Gelege werden am Atlantik zwischen New Smyrna und Boca Raton abgelegt, meistens von Unechten Karettschildkröten. Bis zu 15 000 Weibchen kriechen hier in einer Saison zwischen Mai und September an die Sandstrände, wo jedes ca. 100 Eier vergräbt. Weitaus weniger Exemplare sind es an der Golfküste. Die Eigelege sind an vielen Stränden durch Absperrungen gekennzeichnet, um Störungen zu vermeiden. Die Entwicklung der Jungen dauert etwa 60 Tage. Der Schlupf erfolgt der vielen Feinde wegen in der Nacht.

Bedroht sind die Seeschildkröten heute weniger durch natürliche Verluste als vielmehr durch die intensive Fischerei und die Verbauung der Strände. Nur an dunklen, unbeleuchteten Strandabschnitten kommen die empfindlichen Weibchen zur Eiablage, und nur hier können sich die geschlüpften Jungtiere wieder zum Meer hin orientieren. In Florida werden in mehreren Schutzgebieten Führungen zur Beobachtung von Meeresschildkröten bei der Eiablage angeboten. Informationen und Vorreservierungen sind möglich bei den Visitor Centern von Canaveral National Seashore/Merritt Island NWR (s.S.52), Hobe Sound NWR (s.S.42) und John D. MacArthur Beach State Park (s.S.29). Auf den Nachtwanderungen gibt es oft viele Moskitos, so dass ein Insektenschutzmittel notwendig ist.

Zu den auffälligsten Landschildkröten gehören die bedrohten **Gopherschildkröten/Gopher Tortoise**. Bevorzugter Lebensraum sind die trockenen, sandigen Kiefernwälder, wo die Schildkröten Höhlen graben, die eine Länge von mehr als 10 m erreichen können. Diese dienen nicht nur als Schutz vor Feinden, sondern auch vor den regelmäßigen Bränden in Floridas Wäldern. Die Schildkröte hat eine außerordentlich wichtige ökologische Funktion, weil die Höhlen auch zahlreichen anderen Tierarten wie Amphibien, Schlangen, Kanincheneulen und Kleinsäugern ein Überleben sichern. Bei kühler Witterung sonnen sich die Schildkröten oft in der Nähe des Höhleneingangs.

Die zu den Sumpfschildkröten gehörende **Carolina-Dosenschildkröte/Florida Box Turtle** hat einen hohen, rundlichen Rückenpanzer, dessen Zeichnung sehr variabel ist. Sie bewohnt feuchte Wälder und Wiesen. An Wasserrändern sieht man häufig Schmuckschildkröten beim Sonnenbaden, darunter die nur in Florida heimische **Rotbauch-Schmuckschildkröte/Florida Red-bellied Turtle**. In Flüssen und Seen machen außerdem **Florida-Schnappschildkröten/Florida Snapping Turtle** und im Panhandle auch die große **Geierschildkröte/Alligator Snapping Turtle** Jagd auf alle Tiere, die sie überwältigen können. Auch **Weichschildkröten/Florida**

Unechte Karettschildkröten/Atlantic Loggerhead kommen an ungestörten Atlantik-Stränden zur Eiablage.

Rotbauch-Schmuckschildkröten/Florida Red-bellied Turtle sind in ihrem Vorkommen auf Florida beschränkt.

Weichschildkröten/Florida Softshell sonnen sich gern an der Wasseroberfläche.

Softshell sind exzellente Schwimmer, bewohnen jedoch mehr stehende Gewässer mit schlammigem Untergrund, in den sie sich gern eingraben. Ihr größter Feind ist der Mississippi-Alligator.

Echsen

In keiner Wirbeltierklasse gibt es mehr exotische Arten in Florida als unter den Reptilien. Von ca. 39 Echsenarten sind 22 fremdländische. Viele wurden ausgesetzt oder sind nach Stürmen aus Zoologischen Gärten entwichen. Häufigster Vertreter der <u>Leguanartigen</u> in feuchteren Wäldern ist der **Rotkehl-Anolis/Green Anole**. In Erregung fallen die schnellen Nickbewegungen des Kopfes und der gespannte, rote Kehlsack auf. Der hervorragende Kletterer kann sich in sekundenschnelle von Grün in Grau oder Braun umfärben. Mehr in trockenen Kiefernwäldern ist der bräunliche **Zaunleguan/Eastern Fence Lizard** häufig. Zu den <u>Glattechsen</u> zählen der verbreitete **Streifenskink/Southeastern Five-lined Skink** und der in Wäldern vorkommende **Ground Skink**. Der seltene endemische **Florida-Sandskink/Sand Skink** mit winzigen Beinen hat sich dem Leben in lockerem Sand angepasst. Trockene, sonnige Gebiete bewohnt auch die zu den <u>Schienenechsen</u> gehörende, schlanke **Sechsstreifen-Rennechse/Six-lined Racerunner**. Sie ist durch 6–7 helle Längsstreifen gekennzeichnet, die durch dunkelgrüne bis braune Bänder getrennt sind. Auf den offenen Sandflächen von Binnenlanddünen in Mittelflorida kommt die Art gemeinsam mit der beinlosen, weißlichen **Florida-Doppelschleiche/Florida Worm Lizard** vor, die in unterirdischen Gängen lebt und stark bedroht ist. Sie ist der einzige Vertreter Nordamerikas aus der Familie der Ringelechsen.

Amphibien

Die Amphibien kommen in Florida mit etwa 56 Arten vor. Zur Ordnung der Schwanzlurche zählen die zahlreichen Querzahnmolche und Lungenlosen Salamander, von denen die meisten Arten in den kühleren Gewässern im Nordwesten Floridas vorkommen, darunter der seltene weißliche **Blindsalamander/Georgia Blind Salamander** in unterirdischen Gewässern von Kalksteinhöhlen. Neben der weit verbreiteten **Südkröte/Southern Toad** kommt die bis über 20 cm große, aus Mittelamerika eingeführte **Aga-Kröte/Giant Toad** von Mittelflorida südwärts vor. Sehr hübsch und oft intensiv grün gefärbt sind viele der Laubfroscharten der USA. Man erkennt sie am leichtesten anhand ihrer lauten nächtlichen Rufe. Die häufigsten sind der **Nordamerikanische Grüne Laubfrosch/Green Treefrog**, der glockenähnlich rufende **Bellende Laub-**

Männchen des Rotkehl-Anolis/Green Anole zeigen bei Erregung einen roten Kehlfächer.

Die hellen Bänder des Streifenskink/Five-lined Skink verschwinden mit zunehmendem Alter.

frosch/Barking Treefrog sowie der besonders vor und nach sommerlichen Regenfällen in Sumpfwäldern rufende **Squirrel Treefrog**. Andere typische Arten sind der stimmkräftige **Ochsenfrosch/Bullfrog**, der große **Schweinsfrosch/Pig Frog** mit typisch grunzendem Ruf, der verbreitete **Schreifrosch/Bronze Frog** und der häufige **Leopardfrosch/Southern Leopard Frog**.

Fische

Fischen und Angeln sind eine der beliebteste Freizeitbeschäftigungen der Amerikaner, und dies gilt natürlich besonders für Florida mit seinen vielen Binnengewässern und den langen Meeresküsten. Wichtige Nutzfischarten sind **Forellenbarsch/Largemouth Bass** und **Sonnenbarsche/Bluegill**. Es kommen verschiedene **Welse/Catfish**-Arten vor, im Norden Floridas auch der **Hecht/Chain Pickerel**. Charakteristisch für nordamerikanische Gewässer sind die zu den urtümlichen Knochenhechten zählenden Arten **Langnasen-Knochenhecht/Florida Spotted Gar** und **Kaimanfisch/Alligator Gar**. Als räuberische Einzelgänger stoßen sie blitzschnell zu und fangen andere Fische, Frösche und junge Wasservögel. Man kann sie besonders gut im Everglades NP am Anhinga Trail (s.S.33) oder in den Kanälen am Shark-Valley-Eingang (s.S.35) sehen, wenn sie sich an der Wasseroberfläche sonnen. In den Seen Floridas haben sich mehrere exotische Fischarten stark ausgebreitet, darunter afrikanische Barsche. Ein eher zweifelhafter »Sport« ist die Hochseejagd auf **Haie, Schwertfische/Swordfish, Segelfische/Marlin** und **Goldmakrelen/Dolphin**, wie sie vor allem auf den Keys betrieben wird. Typische Haiarten vor der Küste sind **Makohai/Mackerel Shark** und **Hammerhai/Scalloped Hammerhead**. Zu den häufig gefangenen Nutzfischen zählen **Atlantischer Tarpun/Tarpons, Gelbschwanzmakrele/Yellowtail, Glattbarsch/Snook, Schnapper/Snapper, Meerforelle/Seatrout** und **Meerbarbe/Mullet**. Artenreichste Ökosysteme sind die Korallenriffe mit einer mehrere hundert Fischarten umfassenden Lebensgemeinschaft.

Wirbellose

Entsprechend der sehr unterschiedlichen Klimazonen Floridas ist die Zahl der Insektenarten ausgesprochen hoch. Etwa 130 Libellenarten und 180 Tagfalterarten kommen vor. Besonders auffällig sind die Wanderungen des **Monarchfalters/Monarch**, der im Herbst die amerikanische Ostküste entlang nach Süden zieht. Viele scheinen von Florida aus den Golf von Mexiko zu überfliegen.

Immens wichtig für das Ökosystem der Sümpfe sind die Unmengen an **Moskitos**

Der Schreifrosch/Bronze Frog ist im Osten Nordamerikas weit verbreitet.

Der Bellende Laubfrosch/Barking Treefrog verbringt die warmen Sommermonate in Baumkronen.

Tropische Zebrafalter/Zebra Butterfly bewohnen Hartholzlaubwälder/Hammocks.

Die Baumschnecken/Florida Tree Snail Südfloridas kommen in 58 Farbvarietäten vor.

und **Kriebelmücken**, denen in Florida 67 Arten des Süß- und Salzwassers angehören. An Seen und Kanälen sowie in Süßwassersümpfen sind die Plagegeister während der Regenzeit im Sommer am lästigsten, Salzwasser-Moskitos der Mangrovesümpfe schwärmen jedoch das ganze Jahr über.

Auffällige Wassertiere sind die großen **Apfelschnecken/Apple Snails** der Seen und Sumpfgebiete. Die auf diese Beute spezialisierte Schneckenweihe reißt mit ihrem verlängerten Oberschnabel den Deckel ab und zieht den Körper der Schnecke aus dem Gehäuse, das sie fallen lässt. Unter den Fressplätzen findet man daher oft große

Mengen leerer Schneckenhäuschen. In den feuchten Hartholzwäldern Südfloridas weiden schöne **Baumschnecken/Tree Snails** der Gattung *Liguus* den Algenbelag der Stämme ab. In den Zweigen der Gehölze baut die große **Seidenspinne/Golden Orb-Spider** (*Nephila*) ihre Netze.

An der Mangroveküste beeindrucken die zahlreichen **Winkerkrabben/Fiddler Crabs** mit ihren bunt gefärbten Scheren. Auffällig ist die Fortpflanzung der **Pfeilschwanzkrebse/Horseshoe Crabs**. Trotz des krebsähnlichen Aussehens sind sie näher mit den Skorpionen und Spinnen verwandt. Den gesamten Vorderkörper bedeckt eine bräunlichgrüne Rückenplatte, die in ihrer Form einem Pferdehuf ähnelt. Der Hinterkörper trägt einen großen Schwanzstachel. Dieses urtümliche Krebstier kommt einmal im Jahr, vor allem in Voll- und Neumondnächten in riesiger Zahl zur Eiablage an die Strände. Im Frühjahr sind die gewaltigen Mengen Laich (ein Weibchen hat bis zu 90 000 Eier) eine wichtige Nahrungsgrundlage für die zahlreichen Küsten- und Watvögel, die aus Südamerika kommend an Floridas Stränden entlangziehen.

Geisterkrabben/Ghost Crab graben tiefe Höhlen in den Sand der Strände.

Die Vegetation Floridas

Kiefernwälder

Die am weitesten verbreitete Pflanzengesellschaften in Nord- und Zentralflorida sind die unterschiedlich feuchten Kiefernwälder und trockenen Prärien (baumfreies Grasland). In den offenen Wäldern dominieren **Sumpf-Kiefern/Longleaf Pine** und besonders **Elliott-Kiefern/Slash Pine**. Bei der Sumpf-Kiefer sind die Kurztriebe 3-nadlig, 20–25 cm lang und an den Zweigenden büschelig gehäuft, bei der Elliott-Kiefer sind sie 2- bis 3-nadlig und wesentlich kürzer. Auch die Zapfen sind deutlich kleiner. Beide Nadelhölzer besitzen wegen der guten Holzqualität in den USA große forstliche Bedeutung. Das Harz der Elliott-Kiefern wurde im vorigen Jahrhundert zur Terpentingewinnung verwendet.

Der Unterwuchs der Wälder besteht oft aus dichten Gebüschen aus **Sägepalmen/Saw Palmetto**. Ihre fächerartigen, hellgrünen Blätter haben scharfe Zacken am Ende. An der Atlantikküste kommt eine Varietät mit bläulich gefärbten Blättern vor. Wie die Kiefern können Sägepalmen den häufigen Waldbränden widerstehen und sich in wenigen Monaten regenerieren. Hinzu kommen mehrere immergrüne Stechpalmen – Arten wie **Gallberry** und **American Ilex**.

Laubwälder

Der Baumartenreichtum der sommergrünen Laubwälder und vielfältigen Auwälder in den Flusstälern ist erheblich größer als in entsprechenden Waldformen Mitteleuropas. Der **Amerikanische Amberbaum/Sweetgum** aus der Familie der Zaubernussgewächse hat wechselständige, lang gestielte Blätter, die handförmig gelappt sind. Aus der Rinde gewinnt man eine harzähnliche Flüssigkeit, die in der Medizin und Par-

fümindustrie genutzt wird. Auch die Blätter der **Virginischen Zaubernuss/Witch Hazel** wurden bereits von den Indianern als Heilmittel verwendet. Die Blüten des Strauches oder kleinen Baumes erscheinen im Herbst. Die **Bitternuss/Hickory** aus der Familie der Walnussgewächse ist mit mehreren Arten vertreten, ebenso Eschen und Ahorn. Die Blätter des **Rotahorn/Red Maple** sind im Herbst leuchtend rot gefärbt. Neben dem in Europa als Parkbaum bekannten **Tulpen-**

Die Steinfrüchte der Amerikanischen Schönfrucht/American Beauty sind erbsengroß.

Die Blätter des Amerikanischen Amberbaums/Sweetgum färben sich im Herbst leuchtend rot.

baum/Tulip Poplar ist die **Amerikanische Pla-tane/American Sycamore** der mächtigste Laubbaum Nordamerikas. Ein besonders hartes Holz hat die sommergrüne **Hop-fenbuche/Ironwood**. Ihre Früchte erinnern an Hopfendolden.

Berührungen mit dem **Giftsumach/Poison Ivy**, ein Strauch mit 3zählig gefiederten, efeuartigen Blättern, kann eine schmerzhaf-te Dermatitis hervorrufen. Die **Amerikani-sche Schönfrucht/American Beautyberry** fällt durch ihre erbsengroßen, rosaroten bis vio-lettblauen Steinfrüchte auf, die in dichten, kugeligen Gruppen stehen. Viele Pflanzen-arten erreichen in den Laubwäldern Nord-floridas die Südgrenze ihrer Verbreitung wie die rotblühende **Kanadische Akelei/Wild Columbine** oder die **Zephirblume/Atamasco Lily**. Die Indianer aßen ihre Zwiebeln in Notzeiten.

Sandvegetation

Das Buschland auf den sandigen Böden Mittelfloridas hat teilweise einen halbwü-stenähnlichen Charakter, da trotz hoher Niederschläge das Wasser schnell abfließt. Die Krautschicht ist spärlich mit zahl-

Louisiana-Moos/Spanish Moss hängt in langen Bärten von den Virginischen Eichen/Live Oak in Zentral- und Nordflorida.

reichen endemischen Sandpflanzen. Ty-pisch ist die **Sand-Kiefer/Sand Pine** mit lan-gen, lockeren, 2nadeligen Kurztrieben, die besonders im Ocala National Forest (s.S.57) verbreitet ist. Auch verschiedene niedrige, immergrüne Eichenarten wie **Myrtle Oak** und **Scrub Oak** kommen hier vor.

Charakterbäume der tonigeren Böden an den Seen Zentralfloridas sind die immer-grünen **Virginischen Eichen/Live Oaks**. Sie sind meist dicht mit Scheinschmarotzer-pflanzen (Epiphyten) wie dem bärtigen **Lou-siana-Moos/Spanish Moss** bedeckt, das auf der rauhen Rinde geeigneten Halt finden. Es entnimmt die Nährstoffe ausschließlich der Luft. Einige der Virginischen Eichen Flo-ridas wie im Highlands Hammock State Park (s.S.45) sind mehrere hundert Jahre alt.

Karibische Gehölze

Unter den **Tropical Hammocks,** den Hartholzwäldern des Südens sind die Wäl-der mit der höchsten Gehölzartenzahl in Nordamerika (über 150). Zu den vielen immergrünen Baumarten karibischen Ur-sprungs zählt der **Weißgummibaum/Gumbo Limbo** mit einer glatten, kupferglänzenden und papierartig abblätternden Rinde. Das rötliche, stark aromatische Harz wird als Lack, Klebstoff oder medizinischer Balsam verwendet. In der Strauchschicht wächst **Wilder Kaffee/Wild Coffee,** dessen rote Früchte die ersten Siedler Floridas als Kaf-fee-Ersatz verwendeten. Es gesellen sich eine große Anzahl karibischer Laubgehölze hinzu wie die hohe **Wilde Tamarinde/Wild Tamarind** oder der **Sternapfel/Satinleaf,** des-sen Blätter auf der Unterseite bronzefarben glänzen. Das Vorkommen des **Echten Ma-hagoni/Mahogany** reicht von Südflorida bis in die Karibik. Die natürlichen Standorte des einst als Tropenholz verwendeten Mahago-nis sind selten geworden, obwohl der Baum nicht besonders anspruchsvoll ist. Die größten verbliebenen Bäume stehen in den Everglades.

Die tropische Würgfeige/Strangler Fig tötet ihren Wirtsbaum, indem sie ihn mit ihren Luftwurzeln und Zweigen umschlingt.

Giftholz/Poisonwood ist überall in Florida und in der Karibik heimisch und zählt zu den giftigen Efeuarten. Auf alten, dunkelgrünen Blättern sowie der gesprenkelten Rinde findet man sehr oft Flecke, die darauf hindeuten, dass hier Pflanzensaft oxidiert ist, der beim Menschen Hautausschläge hervorruft. Der kleine **Guajakbaum/Lignum Vitae** kommt in Florida nur auf den Keys vor. Auffällig sind die kleinen blauen oder weißen Blüten. Sein extrem hartes und dauerhaftes Holz zählt zu den schwersten der Erde. Alle Teile des Baumes können zu Heilzwecken verwendet werden, insbesondere das Harz (Guajakharz). Seltene Palmenarten auf den Keys sind die **Silberpalme/Silver Palm**, deren dunkelgrüne Blätter auf der Unterseite silbrig glänzen und die **Strohpalme/Thatch Palm**, deren große, rundliche Blätter zur Dachdeckung verwendet wurden.

Sumpfwälder

Sumpfwälder gibt es in ganz Florida und auch sie sind Lebensraum von mehr als 100 Gehölzarten, zahlreichen Kletterpflanzen und Epiphyten wie Farnen und Orchideen. Die **Zweizeilige Sumpfzypresse/Cypress** ist der häufigste Baum in Sümpfen mit schwankendem Wasserstand. Das sommergrüne Nadelgehölz gehört zur engsten Verwandtschaft der urtümlichen Mammutbäume. Das heutige Aussehen dieser Sumpfzypressenwälder vermittelt einen Eindruck von der Waldvegetation, die im mittleren und ausgehenden Tertiär an vielen Stellen der Nordhemisphäre riesige

Eine Berührung der Blätter des Giftholzes/Poisonwood kann zu allergischen Hautreizungen führen.

Der Name des Guajakbaums /Lignum Vitae bedeutet »Lebensholz« und deutet auf den medizinischen Wert des Baums.

Braunkohlelagerstätten gebildet hat. Man unterscheidet verschiedene Formen, die von manchen Botanikern auch als eigene Baumarten angesehen werden. Die mächtige **Bald Cypress** wächst an Flussufern und in Sümpfen mit bewegtem Wasser, die **Pond Cypress** an Seen, die kleineren **Dwarf Cypress** auf nährstoffarmen Böden wie im Big Cypress Sumpf. Sie werden oft mehrere hundert Jahre alt, aber nur wenige Zentimeter dick. Die oft verbreiterte Stammbasis und die horizontal wachsenden Wurzeln geben den hohen Bäumen Halt in den überfluteten und weichen Sumpfböden. Zusätzlich bildet die Sumpfzypresse aus dem Wasser ragende Kniewurzeln aus, die dazu dienen, die tieferen Wurzelteile mit Sauerstoff zu versorgen.

In den Sumpfwäldern Floridas kommen etliche weitere feuchteverträgliche Baumarten vor wie der **Wasser-Tupelobaum/Water Tupelo** oder die Virginische Eiche. Besonders in Küstennähe wächst in Feuchtwäldern der Staatsbaum Floridas, die **Palmettopalme/Cabbage Palm**, die sehr feuerresistent ist. Der Baum erreicht eine Höhe von bis zu 15 m. Die Indianer und ersten Siedler aßen die Früchte, die großen Blätter wurden als Dachmaterial, Kleidung und Matten verwendet. Oft werden Laubbäume oder Palmettopalmen langsam von **Würgfeigen/Strangler Fig** erdrückt. Ihre Samen, die von Vögeln verbreitet werden, keimen auf dem Wirtsbaum aus und der Sämling bildet Luftwurzeln aus, die schließlich bis zum Boden reichen. Der Wirtsbaum wird nun immer enger umschlungen und stirbt letztlich ab. Zu den Kletterpflanzen gehört auch die bläulich blühende **Passionsblume/Passionflower**. Ein verbreiteter Begleiter von Weidendickichten ist der **Rahmapfel/Pond Apple** mit ledrigen, wechselständigen Blättern.

Aus der Fülle der baumbewohnenden Luftpflanzen (Epiphyten) fallen besonders die Tillandsien wie die rotblühende **Stiff-leaved Wildpine** auf. Der häufige **Resurrection Fern** (»Wiederbelebungs-Farn«) wirkt im Winter wie vertrocknet, bei Regen entfalten sich seine Blätter aber wieder schnell und färben sich grün. Viele Arten wie der seltene **Hand Fern** sind nur auf bestimmte Baumarten (Palmettopalme) spezialisiert, Orchideen wie die gefährdete **Cowhorn Orchid** leben mit bestimmten Pilzen zusammen. Mehrere Palmenarten sind In feuchten Wäldern heimisch wie die **Paurotis-Palme/Paurotis Palm**, die in Gruppen wächst, und die seltene **Königspalme/Florida Royal Palm**. Beide kommen im Everglades National Park (s.S.31) vor. Die Königspalme wird bis 30 m hoch, mit glattem, hellgrauem Stamm und markantem Wedelschopf. Häufig angepflanzt in Parkanlagen wurde die sehr ähnliche **Kubanische Königspalme/Cuban Royal Palm**.

Sümpfe, Moore, Gewässer

In den Sümpfen an der Küste kommt auch verbreitet der riesige **Lederfarn/Coastal Leather Fern** vor, dessen Blätter eine Länge von über 2 m erreichen können. Im nährstoffarmen Wasser der Sümpfe und Moore stehen oft insektenfangende Pflanzen, von denen in Florida 29 verschiedene Arten vorkommen. Die größten und spektakulärsten sind im Norden die **Schlauchpflanzen/Trumpet Pitcher Plant**, die hüfthoch werden können mit langem grünem Stiel und rötli-

Die Passionsblume/Passion Flower ist ein blauer Farbtupfer im Grün der tropischen Küstengehölze.

»Golden Club«, ein Aronstabgewächs.

Die Hakenlilie/Swamp Lily blüht meist im Sommer.

Wasserhyazinthen/Water Hyacinth, bilden dichte Teppiche.

Lederfarn/Leather Fern, größte Farnpflanze Nordamerikas.

Schlauchpflanzen/Trumpet Pitcher Plant fangen in nährstoffarmen Mooren Insekten.

Die Winde »Morning Glory« ist an Gewässerrändern
häufig.

Die weißen Blüten der Großblütigen Magnolie/Southern Magnolia sind typisch für Amerikas Süden.

Die attraktive Seetraube /Seagrape wird auch gern als Zierstrauch angepflanzt.

cher Spitze oder aufrecht stehendem Deckel. Durch Farb- und Duftsignale angelockte Insekten gleiten in ihrem schlüpfrigen Schlund unweigerlich in eine enzymhaltige Verdauungsflüssigkeit am Kannengrund. Weitere tierfangende Pflanzen sind **Sonnentau/Sundew**, **Fettkraut/Butterwort** und der gelb blühende **Wasserschlauch/Bladderwort**.

Auf den Seen schwimmen oftmals die weißen Blüten der **Wohlriechenden Seerose/Water Lily**. Vor dem Hintergrund des dunklen Wassers sind die gelben Blütenstände des **Golden Club** aus der Familie der Aronstabgewächse besonders wirkungsvoll. Das riesige Grasmeer der Everglades bildet das **Sägegras/Saw Grass**, das ehemals 800.000 ha bedeckte und bis zu 3 m hoch werden kann. Dazwischen fallen die weißen Blütengruppen der **Hakenlilie/Swamp Lily** ins Auge. Weit verbreitet ist die blau blühende »**Pickerelweed**«, an den Gewässerufern wachsen »**Purple Gerardia**« und die auffällige Winde »**Common Morning Glory**«. Viele Kanäle und Seen besonders in Südflorida sind oftmals vollständig mit **Teichrosen/Pond Lily** und exotischen Wasserpflanzen wie der **Wasserhyazinthe/Water Hyacinth** aus Südamerika oder dem **Wasserquirl/Water Hydrilla** zugewachsen.

Küstenvegetation

Die Dünen im Norden Floridas sind besonders artenreich. Typisch sind **Plattährengras/Sea Oats** und **Gagel/Wax Myrtle**. Landeinwärts erstrecken sich unterschiedliche Gehölzbestände. Im Norden am Atlantik sind es oftmals Eichengebüsche aus Virginischen Eichen (salztolerant) und immergrünen **Großblütigen Magnolien/Magnolia**. Prachtvoll sind die 20–30 cm breiten, weißen, duftenden Blüten. Typisch ist die

Die Früchte der Opuntie/Prickly Pear, der häufigsten Kakteenart, waren eine wichtige Nahrung der Indianer.

bis zu 10 m hohe **Seetraube/Seagrape**, die man leicht an den immergrünen, großen rundlichen Blättern erkennt. Die essbaren Früchte reifen mehrmals im Jahr. Die Früchte der dicht belaubten **Icacopflaume/Cocoplum** aus der Familie der Goldpflaumengewächse sind im Geschmack vergleichbar mit Pflaumen. Der einzige weit verbreitete Kaktus im Südosten der USA ist die gelb blühende **Opuntie/Prickly Pear Cactus**, der sich auf vielen Dünen ausbreitet.

Im Nordwesten Floridas mischen sich oft Elliott-Kiefern darunter, am südlichen Golf auch tropische Hartholzlaubwälder. An den Küsten haben sich zahlreiche exotische Pflanzenarten ausgebreitet (**Kokospalme/Coco Nut**, **Palmlilie/Yucca**, **Brasilianischer Pfefferstrauch/Brazilian Pepper** und australische **Casuarinen/Australian Pine**).

Teppiche aus bleistiftdicken, nach oben wachsenden Wurzeln versorgen die Schwarze Mangrove/Black Mangrove mit Luft.

Mangroven

Die Küsten Südfloridas werden von 3 Mangrovearten gesäumt: **Rote Mangrove/Red Mangrove**, **Schwarze Mangrove/Black Mangrove** und **Weiße Mangrove/White Mangrove**. Die Rote Mangrove ist ein bis 22 m hoher Busch oder Baum mit dichtem Wurzelwerk, das vom unteren Stamm, dessen Basis früh abstirbt, verzweigt und flach in den Schlamm eintaucht. Die Keimlinge entwickeln noch an der Mutterpflanze bis zu 1 m lange, stiftförmige Ableger, die abfallen und sich senkrecht in den weichen Boden bohren. Die Weiße Mangrove hat breite ovale Blätter, bis 7 cm lang und die Ableger sind klein (1 cm). Das Verbreitungsgebiet der beiden Arten reicht im Norden etwa bis Cedar Key (s. S. 67) am Golf bzw. Poince Inlet am Atlantik. Auffällig bei der Schwarzen Mangrove ist der niedrige, dichte Bewuchs aus dunklen Luftwurzeln um den Stamm.

Die langgestreckten Sämlinge der Roten Mangrove/Red Mangrove bohren sich nach dem Abfallen in den weichen Schlick und bilden Wurzeln.

Nützliche Reiseinformationen

Vor der Reise

Informationen über das Reiseland Florida sind bei Florida Tourism, Frankfurt (s.S.117,1) gegen Zusendung von 10 DM erhältlich. Auch die United States Tourism Comission, Platenstr. 1, 60320 Frankfurt verschickt Informationsmaterial gegen Gebühr (Tel. 0180-5313531).

Wichtigste schnelle Informationsquelle wird zunehmend das Internet. Eine Übersicht über Parks und Aktivitäten gibt www.gorp.com/gorp/location/fl/fl.htm. Die Keys und ihre Schutzgebiete erreicht man unter www.islandfun.com/parks. Informationen über die Nationalparks in den USA erhält man unter www.nps.gov/parks.html, darunter Everglades (www.nps.gov/ever/), Biscayne (www.nps.gov/bisc/), Dry Tortugas (www.nps.gov/drto/). Die übrigen Natur- und Erholungsgebiete, besonders State Parks, werden unter der Internet-Adresse der Umweltbehörde Floridas vorgestellt (Florida Departement of Environmental Protection: www.dep.state.fl.us/parks).

Reisezeit

Florida eignet sich das ganze Jahr über für einen Besuch. Hauptreisemonate der Amerikaner sind Dezember (im Süden), Juli und August (im Norden), in denen es leicht zu überfüllten Stränden und Überbelegungen der Unterkünfte kommen kann. Die günstigsten Witterungsbedingungen in Zentralflorida und im Süden (kaum Niederschläge, Hurrikans und Kaltfronten, weniger große Hitze oder Mücken) herrschen im März und April. Oft ist es in dieser Zeit so trocken, dass viele Baumarten regelmäßig ihre Blätter verlieren. Auch November und Dezember sind gute Besuchsmonate. Im Süden ist es im Winter noch möglich, im Meer zu baden, im Sommer bedingt das subtropische Klima meist eine große Hitze bei hoher Luftfeuchtigkeit. Viele interessante Gebiete sind in dieser Zeit aufgrund der Unmengen an Moskitos nur eingeschränkt zu bereisen.

Einreise (Visum, Zoll, Devisen)

Für einen Aufenthalt bis zu 90 Tagen als Tourist benötigen Deutsche, Österreicher und Schweizer für die Einreise in die USA derzeit kein Visum, sondern einen Reisepass, der mindestens bis zum Ende der Reise gültig sein muss. Zoll- und Einreiseformulare werden bereits im Flugzeug ausgefüllt, die nach der Landung abgegeben werden müssen. Ein Visum wird nur benötigt, wenn man sich länger als 3 Monate in den USA aufhalten möchte oder wenn man kein gültiges Rück- oder Weiterflugticket besitzt. Hinweise gibt das zuständige Generalkonsulat der USA oder das Informationsband der US-Botschaft in Bonn (Tel. 0190-270789).

Gegenstände des persönlichen Gebrauchs dürfen zollfrei eingeführt werden; Alkohol und Tabak unterliegen den international üblichen Beschränkungen. Es dürfen weder Obst, Gemüse, Pflanzen oder Lebensmittel tierischer oder pflanzlicher Herkunft mitgenommen werden. Landes- und Fremdwährungen können bis zu einem Wert von 10 000 US-Dollar ein- und ausgeführt werden. Übersteigen die mitgeführten Zahlungsmittel (Bargeld und Reiseschecks) diese Summe, muss man sie deklarieren.

◁ Sonnenuntergang auf Sanibel Island.

Gesundheit

Für einen Aufenthalt in den USA ist eine Auslandskrankenversicherung zu empfehlen, da die heimischen gesetzlichen Krankenversicherungen ärztliche Behandlungskosten in Übersee nicht übernehmen. Arzt oder Krankenhaus muss man meist direkt bezahlen (Bargeld, Travellerscheck oder Kreditkarte). Bei einer Einreise aus infektionsfreien Gebieten sind Impfungen nicht vorgeschrieben. Für eine Reise durch Florida sind neben der üblichen Reiseapotheke unbedingt Sonnen- und Insektenschutzmittel erforderlich.

Geld

Am günstigsten ist eine Kombination aus Bargeld, Kreditkarte und Reiseschecks in US-Dollar. Kreditkarten (Master(Euro)card, Visa, American Express) sind, auch in Supermärkten, das gängigste Zahlungsmittel, beim Mieten eines Autos sind sie meist Voraussetzung.

Anreise

Florida besitzt mehrere internationale Flughäfen wie Miami International, den neunt-größten Flughafen der Welt, Orlando, Tampa, Fort Lauderdale und Fort Myers, die von Deutschland aus erreicht werden können. Mit Preisvergleichen und Flügen in der Nebensaison kann man viel Geld sparen. Die Flugzeit von Frankfurt nach Miami beträgt etwa 10 Stunden. Da zwischen Mitteleuropa und Florida 6 Std. Zeitunterschied liegen, zum Gebiet westlich von Panama City sogar 7 Std., erreicht man Florida bereits am Nachmittag (Ortszeit) des Abflugtages.

Reisen im Land

Mit dem Auto

Da öffentliche Verbindungen wie Busse oder Züge besonders zu den Keys oder zu den abgelegenen Erholungsgebieten im Norden fehlen oder nur spärlich fahren, ist es meist nötig, einen Mietwagen zu nehmen. Die Anmietung bei den internationalen Verleihfirmen kann in jeder größeren Stadt erfolgen. Zum Fahren benötigt man bei einem Mindestalter von 21 Jahren den nationalen Führerschein. Es ist günstiger, sein Auto bereits in Europa zu buchen. Die

Engagierte Ranger zeigen Besuchern Tiere und Pflanzen der Everglades bei Shark Valley.

Tarife für Wohnmobile sind besonders preiswert im Sommer. Die notwendigen Versicherungen sollten dabei bereits im Mietvertrag eingeschlossen sein.

Im dichten Straßennetz Floridas unterscheidet man Interstate-Highways (I) und weitere Fernstraßen (US), Straßen innerhalb des Landes (SR) und solche innerhalb einzelner Countys (CR). Weitere Verbindungsstraßen sind oft unbefestigt, ebenso wie Straßen in Wäldern (Forest roads, FR). Der Florida Turnpike ist ein gebührenpflichtiger Highway, der die Ostküste mit dem Raum Orlando verbindet. Zwei Straßen kreuzen die Everglades von Ost nach West. Sie sind bekannt als Tamiami Trail (US 41, Miami–Naples) und Alligator Alley (Interstate 75, Fort Lauderdale–Naples).

Die Keys werden auf einer Länge von 200 km durch den Overseas Highway, US 1, verbunden. Er beginnt am Südende von Florida City und ist mit grünen »Mile Markern« (MM) in Abständen von 1 Meile gekennzeichnet.

Die Verkehrsregeln entsprechen zwar im Wesentlichen den europäischen Regeln. Besonders zu beachten ist jedoch das absolute Alkoholverbot am Steuer. Die gelben Schulbusse dürfen auch in Gegenrichtung nicht passiert werden, wenn Kinder ein- oder aussteigen oder die Warnblinkanlage leuchtet. Auf mehrspurigen Straßen ist das Rechts-Überholen erlaubt, wenn es der Verkehr von hinten ermöglicht. Beim Parken und Anhalten außerhalb von Ortschaften muss man mit dem Wagen die Straße vollständig verlassen. Die Höchstgeschwindigkeit in Meilen beträgt auf Autobahnen (Interstates) gewöhnlich 65–75, außerhalb der Ortschaften 45–55, in den Ortschaften 25–35.

Mit Flugzeug, Bahn, Bus und Fahrrad

Die großen und mittleren Städte in Florida sind durch ein dichtes Flugnetz miteinander verbunden. Die Flugzeit für die 75 km von Miami in die Hauptstadt Tallahassee beträgt etwa 1 h 45 min (ab 80 US-$), nach Key West (250 km) 45 min (ab 45 US-$). Die meisten Großstädte sind mit der überregionalen Personenzuglinie Amtrak verbunden. Auch Überlandbusse (Greyhound) verkehren zwischen den größeren Orten. In vielen Parks wie Everglades National Park, Shark Valley oder Jonathan Dickinson State Park kann man sich Fahrräder leihen und Rundfahrten unternehmen. Das Florida Office of Greenways & Trails (s. S. 117,6) gibt Bicycle Trail Guides sowie Karten mit Radtouren von 50–500 km Länge heraus.

Sonstiges

Angeln

Mit einem gültigen Angelschein (»fishing license«), der in Ausrüstungs- und Sportgeschäften erworben werden kann, darf in Florida jeder Angeln. Oft gibt es Fangmengenbegrenzungen für Süß- und Salzwasser sowie in den Schutzgebieten (Informationen s. S. 117,5).

Camping

Campen kann man in Florida wegen des schönen Wetters und wegen der zahlreichen Möglichkeiten hervorragend. Die schönsten und geräumigsten Campingplätze findet man in den State Parks und in den National Forests. Camping ist aber nur an den dafür ausgewiesenen Plätzen erlaubt. Für die Nutzung von Naturcampingplätzen in abgelegeneren Parkgebieten (wie den Everglades) benötigt man ein »Backcountry Camping Permit«, das in den Besucherzentren und an den Rangerstationen erhältlich ist. In der Ferienzeit, an Wochenenden und an Feiertagen sind populäre Parks oft überfüllt. Ein Florida Camping Directory ist erhältlich bei Florida Tourism oder direkt bei der Florida Campground Association (s. S. 117,2).

Diplomatische Vertretungen

❏ Generalkonsulat der Bundesrepublik Deutschland, 100 N. Biscayne Blvd., Miami, FL 33132, Tel. (305) 358-0290/91/92;
❏ Konsulat der Republik Österreich, Suite 200, Republik Building, 1454 N.W. 17th Ave., Miami, FL 33125, Tel. (305) 325-1561;
❏ Honorarkonsulat der Schweiz, 7319 S.W. 97th Ave., Miami, FL 33173, Tel. (305) 274-4210.

Gebühren

Alle State Parks, Nationalparks (nicht jedoch Biscayne National Park/Convoy Point) und die meisten National Wildlife Refuges berechnen eine Eintrittsgebühr (meist 3,5 $ bis 4 $ pro Auto; Fußgänger und Fahrradfahrer bezahlen 1$). Teilweise ist sie in den Campingplatzgebühren eingeschlossen. Die State Parks haben ein Gebührensystem, das sich nach der Saison und nach der Popularität des Gebietes richtet. Die Preise schwanken zwischen 19 $ und 8 $ pro Übernachtung. Die meisten Parks berechnen 1–2 $ extra für Elektrizität und besondere Toiletteneinrichtungen. Unternehmungen wie Bootstouren, Bahnfahrten, Schnorcheltrips kosten immer extra. Preiswerte Campingplätze gibt es in den National und State Forests, in den kleineren County Parks und außerhalb der Saison (im Sommer in Südflorida, im Winter in Nordflorida). Gebühren über dem Durchschnitt werden für die Florida Keys, Parks an den Stränden und in der Nähe größerer Städte berechnet.

Giftige Tiere und Pflanzen

Eine Berührung von Manchineel, Giftholz und Giftsumach kann zu allergischen Hautreaktionen führen. Möglichst mit viel Wasser abwaschen! Zecken gibt es in den Wäldern ganzjährig überall. Feuerameisen leben meist unauffällig unter der Erde, manche Leute reagieren auf ihren Biss jedoch allergisch. Schlangen (s.S.97) sind selten ein Problem, wenn man auf Wegen und Holzstegen bleibt. Gegenüber Alligatoren sollte man mehrere Meter Abstand halten und in Schwimmbereichen zum Schutz innerhalb der Absperrungen bleiben.

Informationen

Jeder größere Ort hat ein Touristeninformationszentrum. Mit einem Ausweis, der beim heimischen Automobilclub erhältlich ist, bekommt man in den Büros der American Automobile Association (AAA) Hilfe, Karten und Tourenvorschläge.
State Parks und Nationalparks haben informative Besucherzentren mit Ausstellungen, die man zuerst aufsuchen sollte. Hier sind auch Broschüren und Karten erhältlich Im Everglades National Park wird ein Radioprogramm ausgestrahlt, dessen Wellenlänge auf Tafeln am Straßenrand angezeigt wird.
Weitere Informationen sind erhältlich bei der Tourismusbehörde Floridas (s.S.117,4), über State Parks auch bei der Umweltbehörde in Tallahassee (s. S.117,3).

Elektrizität

110 Volt Wechselstrom. Für die dortigen Flachstecker einen Adapter mitnehmen.

Fotografie

Es gibt keine Beschränkungen außer in Militärgebieten. Filme sind meist teurer als in Deutschland.

Kanufahren

In den State Parks, National Forests und Recreation Areas gibt es zahllose Möglichkeiten sich ein Kanu auszuleihen. Zwischen 7–130 km lang sind die einzelnen Kanu-Wanderwege, die über Seen führen, auf den vielen naturnahen Flüssen oder in geschützten Gewässern vor den Küsten ausgewiesen sind.

Kleidung

Aufgrund der günstigen Witterung ist meist nur leichte Kleidung notwendig. In den Naturgebieten ist es oft besser zum Schutz gegen Moskitos, Giftholz/Poisonwood und Sonnenbrand lange Hosen und langärmelige Hemden zu tragen. Von Dezember bis Februar kann es im Norden empfindlich kühl werden, so dass wärmere Kleidung zu empfehlen ist.

Maße und Temperatur

Vereinfacht lassen sich die häufigsten (amerikanischen) Maßeinheiten so umrechnen: 1 inch=2,5 cm;1 foot = 0,3 m; 1 mile = 1,6 km; 1 acre = 0,4 ha; 1 gallon = 3,8 l. 32 °F = 0 °C, 68 °F = 20 °C (Umrechnungsformel °C = (°F - 32) x 5 : 9).

Öffnungszeiten

Da es in den USA kein Ladenschlussgesetz gibt, haben die großen Einkaufszentren lange geöffnet (z. T. 24 Stunden). Auch an Sonntagen bestehen Einkaufsmöglichkeiten. Banken haben meist von Montag bis Donnerstag von 9–15 Uhr und freitags z. T. bis 18 Uhr geöffnet.

Sicherheit

Nachdem in den vergangenen Jahren einige Westeuropäer überfallen worden waren, konnten Tourismusbehörden und Polizei mit zahlreichen Maßnahmen inzwischen wieder das Vertrauen in die öffentliche Sicherheit zurückgewinnen. Dazu gehören verstärkte Patrouillen der Polizei auf Highways, Rast- und Campingplätzen, eine unauffällige Kennzeichnung von Mietwagen, deutlich ausgeschilderte Ferienrouten und die Einrichtung von 500 Anlaufstellen für hilfesuchende Urlauber in Tankstellen und Fast-Food-Restaurants. Dadurch wurde die Sicherheit für den Besucher verbessert. Unsichere Stadtteile sollte man meiden. Wertsachen sollte man nicht unbeaufsichtigt oder im Auto lassen.

Telefonieren

Ortsgespräche (»local calls«) und Ferngespräche (»long distance calls«) kann man im Selbstwähldienst von Münz- oder Kreditkartentelefonen aus führen. Am einfachsten ist eine der zahlreichen angebotenen Telefonkarten, bei denen man eine Kennnummer eingibt und direkt mit der gewünschten Telefonnummer verbunden wird. Vorwahl für Deutschland: 01149, für Österreich: 01143, für die Schweiz: 01141. Im Notfall hilft immer der »operator« (Nummer 0), der den Anrufer über einen überregionalen Telefonanbieter zu einem deutschsprachigen Operator in Frankfurt vermittelt. Alle 1-800 Nummern sind gebührenfrei.

Trinkgeld

Dienstleistungen sind in den USA nicht im Preis einkalkuliert, so dass in Restaurants und für Taxifahrer 15 % des Preises üblich sind. Gepäckträger und Hotelpersonal gibt man je nach Leistung, mindestens aber 1–2 $.

Unterkunft

Florida bietet ein riesiges Angebot an Hotels, Motels, Lodges, Mietwohnungen und Appartments, Häuser, Jugendherbergen und Campingplätzen in allen Preiskategorien. Die größte Konzentration von Hotelbetten findet man zwischen Miami und Fort Lauderdale, um Orlando und an den Stränden von St. Petersburg/Clearwater. Auf den Keys kann es in der Ferienzeit, an Wochenenden und Feiertagen schwierig sein, eine freie Unterkunft zu finden, so dass man die 250 km von Key West nach Miami zurückfahren muss.

Zeitzonen

In Florida gilt überwiegend die Eastern Standard Time (MEZ −6 Stunden), westlich von Panama City beginnt die Central Time (MEZ −7 Stunden).

Anhang

Literatur

ANDREWS, J. (1994): A Field Guide to Shells of Florida. Gulf Publishing, Houston.

ASHTON, R. E. Jr. & P. SWAYER ASHTON (1981–1988): Handbook of Reptiles and Amphibians of Florida. Part 1–3. Windward Publishing, Miami.

CERULEAN, S. & A. MORROW (1993): Florida Wildlife Viewing Guide. Falcon Press Publishing Co.

GEORGE, J. C. (1988): Everglades Wildguide. Official National Park Handbook.

GINGERICH, J. L. (1994): Florida's Fabulous Mammals. World Publications, Tampa

GROW, G. (1997): Florida Parks. A Guide to Camping and Nature. Longleaf Publications, Tallahassee, Florida.

JEWELL, S. (1997): Exploring Wild South Florida. Pineapple Press, Sarasota.

JEWELL, S. (1995): Exploring Wild Central Florida. Pineapple Press, Sarasota.

KALE, H. W. & D. S. MAEHR (1990): Florida's Birds. Pineapple Press, Sarasota.

KEEFE, M. T. (1996): Seasonal Guide to the Natural Year. Florida with Georgia and Alabama Coasts. Fulcrum Publishing Golden, Colorado.

MORTON, J. F. (1990): Wild Plants for Survival in South Florida. Fairchild Tropical Garden.

MYERS, R. L. & J. J. EWEL (1990): Ecosystems of Florida. University of Central Florida Press, Orlando.

NATIONAL GEOGRAPHIC SOCIETY (1987): A Field Guide to the Birds of North America. Washington.

NELSON, G. (1995): Exploring Wild Northwest Florida. Pineapple Press, Sarasota.

NELSON, G. (1995): Exploring Wild Northwest Florida. Pineapple Press, Sarasota.

PRANTY, B. (1996): A Birder's Guide to Florida. American Birding Association.

STEVENSON, G. (1992): Trees of Everglades National Park and the Florida Keys. Florida National Parks & Monuments Association.

TAYLOR, W. (1992): The Guide to Florida Wildflowers. Taylor Publishing, Dallas.

Adressen

in Deutschland

1. Florida Tourism, Schillerstr. 10,
   60313 Frankfurt; Tel. 069-1310732,
   Fax 069-1310647

in Florida

Behörden

2. Florida Campground Association,
   1638 N. Plaza Dr., Tallahassee,
   FL 32308-5364; (904) 656-8878
   (Campingplätze)

3. Florida Department of National Resources, 3900 Commonwealth Blvd., Tallahassee, FL 32399; (904) 488-9872 (State Parks)

4. Florida Division of Tourism, 126 W. Van
   Buren St., Tallahassee, FL 32399-2000;
   (904) 487-1462 (Allgemeine Touristen-
   Information und kostenlose Floridakarte)

5. Florida Game and Freshwater Fish
   Commission, 620 South Meridian
   Road, Tallahassee, FL 32399-1600;
   (904) 488-4676 (Informationsbüro
   über Ökologie, Naturschutz, Jagd und
   Angeln)

6. Florida Office of Greenways & Trails,
   3900 Commonwealth Blvd. - MS 795,
   Tallahassee, FL 32399-3000;
   (904) 488-3701 (Kanu und Wanderwege)

Regionen, Schutzgebiete

7. Bahia Honda State Park, 36850 Overseas Highway, Big Pine Key, FL 33043;
   (305) 872-2353

8. Biscayne National Park, P.O. Box 1369,
   Homestead, FL 33090-1369;
   (305) 247-7275

9. Blue Spring State Park, 2100 West
   French Ave, Orange City,
   FL 32763; (904) 775-3663

10. Everglades National Park, Superinten-
    dent, P.O. Box 279, Homestead,
    FL 33030; (305) 242-7700

11. Flamingo Lodge, Marina and Outpost
    Resort, P.O. Box 428, Flamingo,
    FL 33030

12. Florida Keys Visitor Center, 105950
    Overseas Hwy, Key Largo, FL 33037

13. Gold Head Branch State Park,
    6239 S.R. 21, Keystone Heights,
    FL 32656; (352) 473-4701

14. Hobe Sound National Wildlife Refuge,
    P.O. Box 645, Hobe Sound,
    FL 33475-0645.

15. John Pennekamp Coral Reef State Park,
    P. O. Box 487, Key Largo,
    FL 33037; (305) 451-1202

16. Jonathan Dickinson State Park,
    16450 S. E. Federal Highway, Hobe
    Sound, FL 33455; (195) 546-2771

17. Lake George Ranger District,
    17147 State Highway 40 E., Silver
    Springs, FL 34488; (904) 625-2520

18. Myakka River State Park, 13207 S.V. 72,
    Sarasota, FL 34241-9542;
    (941) 361-6511

19. T. H. Stone Memorial St. Joseph Penin-
    sula State Park, Star Rt. 1 Box 200,
    Port St. Joe, FL 32456

20. Wakulla Ranger District, U.S. Highway
    319 Route 6, P. O. Box 575, Tallahas-
    see, FL 32304; (904) 926-3561

21. Wakulla Springs Lodge and Conference
    Center, 1 Springs Drive, Wakulla
    Springs, FL 32305; (904) 224-5950

22. Withlacoochee Forestry Center,
    15019 Broad Street, Brooksville,
    FL 34601; (904) 796-5650

Wörterbuch

Deutsch / Englisch / Wissenschaftlich

Pflanzen

Ahorn / Maple / Acer sp.
Amerikanische Platane / American Sycamore / Platanus occidentalis
Amerikanische Schönfrucht / American Beautyberry / Callicarpa americana
Amerikanischer Amberbaum / Sweetgum / Liquidambar styraciflua
Amerikanischer Ilex / American Holly / Ilex opaca
Banyan-Feige / Banyan Fig / Ficus spp.
Bitternuss / Hickory / Carya cordiformis
Bougainvillie / / Bougainvillea spectabilis
Brasilianischer Pfefferstrauch / Brazilian Pepper / Schinus terebinthifolius
Casuarine / Australian Pine / Casuarina litorea und C. glauca
Echter Mahagoni / Mahogany / Swietenia mahagoni
Eiche / Oak / Quercus spec.
Elliott-Kiefer / Slash Pine / Pinus elliottii
Fettkraut / Butterwort / Pinguicula sp.
Flammenbaum / Royal Poinciana / Delonix regia
Florida-Nusseibe / Torreya Tree / Torreya taxifolia
Gagel / Wax Myrtle / Myrica cerifera
Gelbholz / Satinwood / Zanthoxylum flavum
Giftholz / Poisonwood / Metopium toxiferum
Giftsumach / Poison Ivy / Rhus radicans
Großblütige Magnolie / Southern Magnolia / Magnolia grandiflora
Guajakbaum / Lignum Vitae / Guajacum sanctum
Hakenlilie / Swamp Lily / Crinum americanum
Hopfenbuche / Ironwood / Ostrya virginiana
Icacopflaume / Cocoplum / Chrysobalanus icaco
Kanadische Akelei / Columbine / Aquilegia canadensis
Kokospalme / Coconut Palm / Cocos nucifera
Königspalme / Florida Royal Palm / Roystonea elata
Kubanische Königspalme / Cuban Royal Palm / Roystonea regia
Lederfarn / Giant Leather Fern / Acrostichum danaeifolium
Louisiana-Moos / Spanish Moss / Tillandsia usneoides
Opuntie / Prickly Pear Cactus / Opuntia sp.
Palmettopalme / Cabbage Palm oder Sabal Palm / Sabal palmetto
Palmlilie / Yucca / Yucca aloifolia
Passionsblume / Passion Flower / Passiflora incarnata
Paurotis-Palme / Paurotis Palm / Acoelorrhaphe wrightii
Plattährengras / Sea Oats / Uniola paniculata
Rahmapfel / Pond Apple / Annona glabra
Rohrkolben / Cattail / Typha sp.
Rotahorn / Red Maple / Acer rubrum
Rote Mangrove / Red Mangrove / Rhizophora mangle
Sägegras / Sawgrass / Cladium jamaicense
Sägepalme / Saw Palmetto / Serenoa repens
Sand-Kiefer / Sand Pine / Pinus clausa
Schlauchpflanze / Trumpet Pitcher Plant / Sarracenia sp.
Schwarze Mangrove / Black Mangrove / Avicennia germinans
Seetraube / Seagrape / Coccoloba uvifera
Silberpalme / Silver Palm / Coccothrinax argentata
Sonnentau / Sundew / Drosera sp.
Stechpalme / American Ilex / Ilex sp.
Sternapfel / Satinleaf / Chrysophyllum oliviforme
Strohpalme / Florida Thatch Palm / Thrinax morrisii
Sumpf-Kiefer / Longleaf Pine / Pinus palustris
Teichrose / Pond Lily / Nuphar spp.
Tulpenbaum / Tulip Poplar / Liriodendron tulipifera
Tupelo / Blackgum / Nyssa biflora
Virginische Eiche / Live Oak / Quercus virginiana
Virginische Zaubernuss / Witch Hazel / Hamamelis
Wasserquirl / Hydrilla / Hydrilla verticillata
Wasserhyazinthe / Water Hyacinth / Eichhornia crassipes
Wassersalat / Water Lettuce / Pistia stratiodes
Wasserschlauch / Bladderwort / Utricularia sp.
Wasser-Tupelobaum / Water Tupelo / Nyssa aquatica
Weide / Willow / Salix sp.
Weiße Mangrove / White Mangrove / Laguncularia racemosa
Weiß-Eiche / White Oak / Quercus alba
Weißgummibaum / Gumbo Limbo / Bursera simaruba
Wilde Tamarinde / Wild Tamarind / Lysiloma latisiliquum
Wilder Kaffee / Wild Coffee / Psychotria nervoa
Wohlriechende Seerose / White Water Lily / Nymphaea odorata
Würgefeige / Strangler Fig / Ficus aurea
Zephirblume / Atamasco Lily / Zephyranthes atamasco
Zweizeilige Sumpfzypresse / Bald Cypress / Taxodium distichum

Wirbellose

Apfelschnecke / Apple Snail / Pomacea caliginosa
Florida-Baumschnecke / Florida Tree Snail / Liguus fasciatus
Monarchfalter / Monarch / Danaus plexippus
Pfeilschwanzkrebs / Horseshoe Crab / Limulus polyphemus
Schwarze Witwe / Black Widow / Latrodectus spp.
Seidenspinne / Golden Orb-Spider / Nephila clavipes
Winkerkrabbe / Fiddler Crab / Uca spp.
Zebrafalter / Zebra Butterfly / Heliconius charitonius

Fische

Atlantischer Barrakuda / Great Barrakuda / Sphyraena spp.
Atlantischer Tarpun / Tarpon / Megalops atlanticus
Blaustirn-Kaiserfisch / Queen Angelfish / Holocanthus ciliaris
Forellenbarsch / Largemouth Bass / Micropterus salmoides
Gelbschwanzmakrele / Yellowtail Snapper / Ocyurus chrysurus
Gemeine Goldmakrele / Dolphin / Coryphaena hippurus
Glattbarsche / Snooks / Centropomus spp.
Hammerhai / Scalloped Hammerhead / Sphyrna spp.
Hecht / Pickerel / Esox lucius
Kaimanfisch / Alligator Gar / Lepisosteus trichoechus
Langnasen-Knochenhecht / Florida Spottet Gar / Lepisosteus platyrhinchus
Makohai / Mackerel Shark / Isurus oxyrhinchus
Meerbarbe / Mullet / Mugil spp.
Meerforelle / Seatrout / Cynoscion spp.
Papageifisch / Parrot Fish / Scarus spp.
Schnapper / Snapper / Lutjanus spp.
Schwertfisch / Swordfish / Xiphias gladius
Segelfisch / Marlin / Istiophorus platypterus
Sonnenbarsch / Bluegill / Lepomis macrochirus
Wels / Catfish / Ictalurus spp.

Amphibien

Aga / Giant Toad / Bufo marinus
Bellender Laubfrosch / Barking Treefrog / Hyla gratiosa
Blindsalamander / Georgia Blind Salamander / Haideotriton wallacei
Gopher Frosch / Gopher Frog / Rana areolata
Leopardfrosch / Southern Leopard Frog / Rana utricularia
Nordamerikanischer Grüner Laubfrosch / Green Treefrog / Hyla cinerea
Ochsenfrosch / Bullfrog / Rana catesbeiana
Schreifrosch / Bronze Frog / Rana clamitans
Schweinsfrosch / Pig Frog / Rana grylio
Südkröte / Southern Toad / Bufo terrestris

Reptilien

Bastardschildkröte / Atlantic Ridley / Lepidochelys kempi

Braune Wasserschlange / Brown Water Snake / Nerodia taxispilota

Carolina-Dosenschildkröte / Florida Box Turtle / Terrapene carolina bauri

Diamantklapperschlange / Eastern Diamondback Rattlesnake / Crotalus adamanteus

Echte Karettschildkröte / Atlantic Hawksbill / Eretmochelys imbricata imbricata

Erdnatter / Yellow Rat Snake / Elaphe obsoleta quadrivittata

Florida-Doppelschleiche / Florida Worm Lizard / Rhineura floridana

Florida-Sandskink / Florida Sand Skink / Neoseps reynodsi

Geierschildkröte / Alligator Snapping Turtle / Macroclemys temminckii

Gopherschildkröte / Gopher Tortoise / Gopherus polyphemus

Grüner Leguan / Green Iguana / Iguana iguana

Harlekin-Korallenschlange / Eastern Coral Snake / Micrurus fulvius fulvius

Indigoschlange / Eastern Indigo Snake / Drymachon corasis couperi

Kupferkopf / Copperhead / Agkistrodon contortrix

Lederschildkröte / Leatherback Turtle / Dermochelys coriacea coriacea

Mississippi-Alligator / American Alligator / Alligator mississippiensis

Rotbauch-Schmuckschildkröte / Florida-Red bellied Turtle / Pseudemys rubriventris

Rotkehl-Anolis / Green Anole / Anolis carolinensis

Schnappschildkröte / Florida Snapping Turtle / Chelydra serpentina

Sechsstreifen-Rennechse / Six-lined Racerunner / Cnemidophorus sexlineatus

Spitzkrokodil / American Crocodile / Crocodylus acutus

Streifenskink / Five-lined Skink / Eumeceus fasciatus

Suppenschildkröte / Atlantic Green Turtle / Chelonia mydas mydas

Unechte Karettschildkröte / Atlantic Loggerhead / Caretta caretta caretta

Wassermokassinschlange / Florida Cottonmouth / Agkistrodon piscivorus conanti

Weichschildkröte / Florida Softshell / Trionyx ferox

Zaunleguan / Southern Fence Lizard / Sceloporus undulatus undulatus

Vögel

Amerikanerkrähe / American Crow / Corvus brachyrhynchos

Amerikanische Pfeifente / American Wigeon / Anas americana

Amerikanische Schlangenhalsvogel / Anhinga / Anhinga anhinga

Amerikanisches Blässhuhn / American Coot / Fulica americana

Bartvireo / Black-whiskered Vireo / Vireo altiloquus

Bindentaucher / Pied-billed Grebe / Podilymbus podiceps

Blauflügelente / Blue-winged Teal / Anas discors

Blaufussreiher / Reddish Egret / Egretta rufescens

Blauhäher / Blue Jay / Cyanocitta cristata

Blaureiher / Little Blue Heron / Egretta caerulea

Bootschwanzgrackel / Boat-tailed Grackle / Quiscalus major

Braunhals-Säbelschnäbler / American Avocet / Recurvirostra americana

Braunkopfkleiber / Brown-headed Nuthatch / Sitta pusilla

Braunkopf-Kuhstärling / Brown-headed Cowbird / Molothrus ater

Braunmantel-Austernfischer / American Oystercatcher / Haematopus palliatus

Braunpelikan / Brown Pelican / Pelecanus occidentalis

Braunsichler / Glossy Ibis / Plegadis falcinellus

Brauntölpel / Brown Booby / Sula leucogaster

Brautente / Wood Duck / Aix sponsa

Büffelkopfente / Bufflehead / Bucephala albeola

Buntfalke / American Kestrel / Falco sparverius

Buschhäher / Scrub Jay / Aphelocoma coerulescens

Carolinanachtschwalbe / Chuck-Will's-Widow / Caprimulgus carolinensis

Carolinasittich / Carolina Parakeet / Canuropsis caroliniensis

Carolinaspecht / Red-bellied Woodpecker / Melanerpes carolinus

Carolinataube / Mourning Dove / Zenaida macroura

Carolinazaunkönig / Carolina Wren / Thryothorus ludovicianus

Dreifarbenreiher / Tri-colored Heron / Egretta tricolor

Einsiedlerdrossel / Hermit Thrush / Catharus guttatus

Elfenbeinspecht / Ivory-billed Woodpecker / Campephilus principalis

Europäischer Star / European Starling / Sturnus vulgaris

Fischadler / Osprey / Pandion haliaetus

Fischkrähe / Fish Crow / Corvus ossifragus

Flamingo / Greater Flamingo / Phoenicopterus ruber

Gelbschnabel-Kuckuck / Yellow-billed Cuckoo / Coccyzus americanus

Glattschnabelani / Smooth-billed Ani / Crotophaga ani

Goldspecht / Northern Flicker / Colaptes auratus

Grautyrann / Gray Kingbird / Tyrannus dominicensis

Gürtelfischer / Belted Kingfisher / Ceryle alcyon

Halsringente / Ring-necked Duck / Aythya collaris

Haussperling / House Sparrow / Passer domesticus

Helmspecht / Pileated Woodpecker / Dryocopus pileatus

Kanadakranich / Sandhill Crane / Grus canadensis

Kanadareiher / Great Blue Heron / Ardea herodias

Kanadaschnepfe / American Woodcock / Scolopax minor

Kaninchenkauz / Burrowing Owl / Athene cunicularia

Kappensäger / Hooded Merganser / Lophodytes cucullatus

Karakara oder Carancho-Falke / Crested Caracara / Caracara plancus

Katzendrossel / Gray Catbird / Dumetella carolinensis

Kokardenspecht / Red-cockaded Woodpecker / Picoides borealis

Königsseeschwalbe / Royal Tern / Sterna maxima

Königstyrann / Eastern Kingbird / Tyrannus tyrannus

Krabbenreiher / Yellow-crowned Night-Heron / Nycticorax violaceus

Kreischeule / Common Screech Owl / Otus asio

Kuhreiher / Cattle Egret / Bubulcus ibis

Lerchenstärling / Eastern Meadowlark / Sturnella magna

Louisianawürger / Loggerhead Shrike / Lanius ludovicianus

Mangrove-Kuckuck / Mangrove Cuckoo / Coccyzus minor

Mangrovereiher / Little Green Heron / Butorides striatus

Mönchsittich / Monk Parakeet / Myiopsitta monachus

Falken-Nachtschwalbe / Common Nighthawk / Chordeiles minor

Nachtreiher / Black-crowned Night-Heron / Nycticorax nycticorax

Nashornpelikan / American White Pelican / Pelecanus erythrorhynchus

Noddi-Seeschwalbe / Brown Noddy / Anous stolidus

Nordamerikanische Rohrdommel / American Bittern / Botaurus lentiginosus

Ohrenscharbe / Double-crested Cormorant / Phalacrocorax auritus

Papstfink / Painted Bunting / Passerina ciris

Prachtfregattvogel / Magnificent Frigatebird / Fregata magnificens

Purpurgrackel / Common Grackle / Quiscalus quiscala

Purpurhuhn / Purple Gallinule / Porphyrula martinica

Purpurschwalbe / Purple Martin / Progne subis

Rabengeier / Black Vulture / Cathartes atratus

Rallenkranich / Limpkin / Aramus guarauna
Rauchschwalbe / Barn Swallow / Hirundo rustica
Ringschnabelmöwe / Ring-billed Gull / Larus delawarensis
Rosalöffler / Roseate Spoonbill / Ajaia ajaja
Rosenseeschwalbe / Roseate Tern / Sterna dougalli
Rosttäubchen / Common Ground-Dove / Columbina talpacoti
Rötelgrundammer / Rufous-sided Towhee / Pipilo erythropht-
   halmus
Rotkardinal / Northern Cardinal / Cardinalis cardinalis
Rotkopfente / Redhead / Aythya americana
Rotkopfspecht / Red-headed Woodpecker / Melanerpes
   erythro cephalus
Rotrücken-Spottdrossel / Brown Thrasher / Toxostoma rufum
Rotschulterbussard / Red-shouldered Hawk / Buteo lineatus
Rotschulterstärling / Red-winged Blackbird / Agelaius phoeni-
   ceus
Rotschwanzbussard / Red-tailed Hawk / Buteo jamaicensis
Rubinkehlkolibri / Ruby-throated Hummingbird / Archilochus
   colubris
Rußseeschwalbe / Sooty Tern / Sterna fuscata
Schlammtreter / Willet / Catoptrophorus semipalmatus
Schmuckreiher / Snowy Egret / Egretta thula
Schneckenweihe / Snail Kite / Rostrhamus sociabilis
Schreikranich / Whooping Crane / Grus americana
Schwalbenweihe / American Swallow-tailed Kite / Elanoides
   forficatus
Schwarzmantel-Scherenschnabel / Black Skimmer / Rynchops
   niger
Silberreiher / White Egret / Casmerodius albus
Sommertangare / Summer Tanager / Piranga rubra
Spotttdrossel / Mockingbird / Mimus polyglottos
Stelzenläufer / Black-necked Stilt / Himantopus maxicanus
Strandammer / Seaside Sparrow / Ammodarmus maritimus
Streifenkauz / Barred Owl / Strix varia
Sumpfschwalbe / Tree Swallow / Tachycineta bicolor
Sumpfzaunkönig / Marsh Wren / Cistothorus palustris
Teichhuhn / Common Moorhen / Gallinula chloropus
Truthahngeier / Turkey Vulture / Cathartes aura
Truthuhn / Wild Turkey / Meleagris gallopavo
Virginia-Uhu / Great Horned Owl / Bubo virginianus
Virginia-Wachtel / Northern Bobwhite / Colinus virginianus
Waldstorch / Wood Stork / Mycteria americana
Wanderfalke / Peregrine Falcon / Falco peregrinus
Weidengelbkehlchen / Common Yellowthroat / Geothlypis
   trichas
Weißer Sichler / White Ibis / Eudocimus albus

Weißflügelsittich / Canary-winged Parakeet / Brotogeris ver-
   sicolorus
Weißkopfseeadler / Bald Eagle / Haliaeetus leucocephalus
Weissscheiteltaube / White-crowned Pigeon / Columba leuco-
   cephala
Zitronenwaldsänger / Prothonotary Warbler / Protonotaria
   citrea

Säugetiere
Amerikanischer Bison / Bison / Bison bison
Amerikanischer Nerz / Florida Mink / Mustela vison
Florida-Maus / Florida Mouse / Podomys floridanus
Florida-Waldkaninchen / Eastern Cottontail / Sylvilagus
   floridanus
Geflecktes Stinktier / Spotted Skunk / Spilogale putorius
Graue Fledermaus / Gray Bat / Myotis grisescens
Graufuchs / Gray Fox / Urocyon cinereoargenteus
Grauhörnchen / Gray Squirrel / Sciurus carolinensis
Großer Tümmler / Atlantic Bottle-nosed Dolphin / Tursiops
   truncatus
Kanadischer Biber / Beaver / Castor canadensis
Key Hirsch / Key Deer / Odocoileus virginianus clavium
Key-Largo Buschschwanzratte / Key Largo Woodrat / Neotoma
   floridana smalli
Koyote / Coyote / Canis latrans
Nagelmanati, Seekuh / West Indian Manatee / Trichechus
   manatus
Neunbinden-Gürteltier / Nine-banded Armadillo / Dasypus
   novemcinctus
Nordamerikanischer Fischotter / River Otter / Lutra canadensis
Nordamerikanischer Waschbär / Raccoon / Procyon lotor
Nordopossum / Virginia Opossum / Didelphis virginiana
Nutria / Nutria / Myocastor coypus
Östliches Fuchs-Eichhörnchen / Fox Squirrel / Sciurus niger
Puma / Florida Panther / Felis concolor coryi
Rotluchs / Bobcat / Felis (Lynx) rufus
Rotwolf / Red Wolf / Canis lupus niger
Sambar-Hirsch / Sambar Deer / Cervus unicolor
Schwarzbär / Florida Black Bear / Ursus americanus floridanus
Streifen-Stinktier / Striped Skunk / Mephitis mephitis
Südliches Gleithörnchen / Southern Flying Squirrel / Glaucomys
   volans
Sumpfkaninchen / Marsh Rabbit / Sylvilagus palustris
Weißwedelhirsch / White-tailed Deer / Odocoileus virginianus
Wildschwein / Wild Hog / Sus scrofa

Wörterbuch
Englisch / Deutsch

Pflanzen
American Beautyberry / Amerikanische
   Schönfrucht
American Holly / Amerikanischer Ilex
American Sycamore / Amerikanische
   Platane
Atamasco Lily / Zephirblume
Australian Pine / Casuarine
Bald Cypress / Zweizeilige Sumpf-
   zypresse
Banyan Fig / Banyan-Feige
Black Mangrove / Schwarze Mangrove
Blackgum / Tupelo
Bladderwort / Wasserschlauch

Bougainvillie / Bougainvillie /
Brazilian Pepper / Brasilianischer Pfeffer-
   strauch
Butterwort / Fettkraut
Cabbage Palm oder Sabal Palm / Palmetto-
   palme
Cattail / Rohrkolben
Cedar Elm / Ulme
Cocoplum / Icacopflaume
Coconut Palm / Kokospalme
Columbine / Kanadische Akelei
Common Morning Glory/Ipomoee
   purpurea
Cowhorn Orchid / Cytopodium puncta-
   tum
Cuban Royal Palm / Kubanische Königs-
   palme
Florida Royal Palm / Königspalme

Florida Thatch Palm / Strohpalme
Giant Leather Fern / Lederfarn
Golden Club / Orontium aquaticum
Gumbo Limbo / Weißgummibaum
Hickory / Bitternuß
Hydrilla / Wasserquirl
Ironwood / Hopfenbuche
Lignum Vitae / Guajakbaum
Live oak / Virginische Eiche
Longleaf Pine / Sumpf-Kiefer
Mahogany / Echter Mahagoni
Maple / Ahorn
Myrtle Oak / Quercus myrtifolia
Oak / Eiche
Passion Flower / Passionsblume
Pickerelweed / Pontederia cordata
Poison Ivy / Giftsumach
Poisonwood / Giftholz

Pond Apple / Rahmapfel
Pond Lily / Teichrose
Prickly Pear Cactus / Opuntie
Purple Gerardia / Agalinis purpurea
Red Mangrove / Rote Mangrove
Red Maple / Rotahorn
Resurrection Fern / Polypodium polypodioides
Royal Poinciana / Flammenbaum
Sand Pine / Sand-Kiefer
Satinleaf / Sternapfel Satinwood / Gelbholz
Saw Palmetto / Sägepalme
Sawgrass / Sägegras
Scrub Oak / Quercus inopina
Seagrape / Seetraube
Sea Oats / Plattährengras
Silver Palm / Silberpalme
Slash Pine / Elliott-Kiefer
Southern Magnolia / Großblütige Magnolie
Spanish Moss / Louisiana-Moos
Stiff-leaved Wildpine / Tillandsia fasciculata
Strangler Fig / Würgefeige
Sundew / Sonnentau
Swamp Lily / Hakenlilie
Sweetgum / Amerikanischer Amberbaum
Torreya Tree / Florida-Nusseibe
Trumpet Pitcher Plant / Schlauchpflanze
Tulip Poplar / Tulpenbaum
Water Hyacinth / Wasserhyazinthe
Water Lettuce / Wassersalat
Water Tupelo / Wasser-Tupelobaum
Wax Myrtle / Gagel
White Mangrove / Weiße Mangrove
White Oak / Weiß-Eiche
White Water Lily / Wohlriechende Seerose
Wild Coffee / Wilder Kaffee
Wild Tamarind / Wilde Tamarinde
Willow / Weide
Witch Hazel / Virginische Zaubernuss
Yucca / Palmlilie

Wirbellose
Apple Snail / Apfelschnecke
Black Widow / Schwarze Witwe
Fiddler Crab / Winkerkrabbe
Florida Tree Snail / Florida Baumschnecke
Ghost Crab / Geisterkrabbe
Golden Orb-Spider / Seidenspinne
Horseshoe Crab / Pfeilschwanzkrebs
Monarch / Monarchfalter
Zebra Butterfly / Zebrafalter

Fische
Alligator Gar / Kaimanfisch
Bluegill / Sonnenbarsch
Cave Crayfish / Höhlenwels
Dolphin / Gemeine Goldmakrele
Florida Spotted Gar / Langnasen-Knochenhecht
Great Barrakuda / Atlantischer Barrakuda
Largemouth Bass / Forellenbarsch
Mackerel Shark / Makohai

Marlin / Segelfisch
Mullet / Meerbarbe
Parrot Fish / Papageifisch
Pickerel / Hecht
Queen Angelfish / Blaustirn-Kaiserfisch
Sailfish / Segelfisch
Seatrout / Meerforelle
Snapper / Schnapper
Snooks / Glattbarsche
Swordfish / Schwertfisch
Tarpon / Atlantischer Tarpun
Tunas / Makrelen
Yellowtail Snapper / Gelbschwanzmakrele

Amphibien
Barking Treefrog / Bellender Laubfrosch
Bronze Frog / Schreifrosch
Bullfrog / Ochsenfrosch
Georgia Blind Salamander / Blindsalamander
Giant Toad / Aga-Kröte
Gopher Frog / Gopher Frosch
Green Treefrog / Nordamerikanischer Grüner Laubfrosch
Pig Frog / Schweinsfrosch
Southern Leopard Frog / Leopardfrosch
Southern Toad / Südkröte
Squirrel Treefrog / Hyla squirella

Reptilien
Alligator Snapping Turtle / Geierschildkröte
American Alligator / Mississippi-Alligator
American Crocodile / Spitzkrokodil
Atlantic Green Turtle / Suppenschildkröte
Atlantic Hawksbill / Echte Karettschildkröte
Atlantic Loggerhead Turtle / Atlantische Unechte Karettschildkröte
Atlantic Ridley / Bastardschildkröte
Brown Water Snake / Braune Wasserschlange
Copperhead / Kupferkopf
Corn Snake / Kornnatter
Eastern Coral Snake / Harlekin-Korallenschlange
Eastern Diamondback Rattlesnake / Diamantklapperschlange
Eastern Indigo Snake / Indigoschlange
Five-lined Skink / Streifenskink
Florida Box Turtle / Carolina-Dosenschildkröte
Florida Cottonmouth / Wassermokassinschlange
Florida Sand Skink / Florida-Sandskink
Florida Snapping Turtle / Florida-Schnappschildkröte
Florida Softshell / Weichschildkröte
Florida Worm Lizard / Florida-Doppelschleiche
Florida-Red bellied Turtle / Rotbauch-Schmuckschildkröte
Gopher Tortoise / Gopherschildkröte
Green Anole / Rotkehl-Anolis
Green Iguana / Grüner Leguan
Leatherback Turtle / Lederschildkröte

Loggerhead / Unechte Karettschildkröte
Six-lined Racerunner / Sechsstreifen-Rennechse
Southern Fence Lizard / Zaunleguan
Yellow Rat Snake / Erdnatter

Vögel
American Avocet / Braunhals-Säbelschnäbler
American Bittern / Nordamerikanische Rohrdommel
American Coot / Amerikanisches Blässhuhn
American Crow / Amerikanerkrähe
American Kestrel / Buntfalke
American Oystercatcher / Braunmantel-Austernfischer
American Swallow-tailed Kite / Schwalbenweihe
American White Pelican / Nashornpelikan
American Wigeon / Amerikanische Pfeifente
American Woodcock / Kanadaschnepfe
Anhinga / Amerikanischer Schlangenhalsvogel
Bald Eagle / Weißkopfseeadler
Barn Swallow / Rauchschwalbe
Barred Owl / Streifenkauz
Belted Kingfisher / Gürtelfischer
Black Skimmer / Schwarzmantel-Scherenschnabel
Black Vulture / Rabengeier
Black-crowned Night-Heron / Nachtreiher
Black-necked Stilt / Stelzenläufer
Black-whiskered Vireo / Bartvireo
Blue Jay / Blauhäher
Blue-winged Teal / Blauflügelente
Boat-tailed Grackle / Bootsschwanzgrackel
Brown Booby / Brauntölpel
Brown Noddy / Noddi-Seeschwalbe
Brown Pelican / Braunpelikan
Brown Thrasher / Rotrücken-Spottdrossel
Brown-headed Cowbird / Braunkopf-Kuhstärling
Brown-headed Nuthatch / Braunkopfkleiber
Bufflehead / Büffelkopfente
Burrowing Owl / Kaninchenkauz
Canary-winged Parakeet / Weißflügelsittich
Carolina Parakeet / Carolinasittich / Canuropsis caroliniensis
Carolina Wren / Carolinazaunkönig
Cattle Egret / Kuhreiher
Chuck-Will's-Widow / Carolinanachtschwalbe
Common Grackle / Purpurgrackel
Common Ground-Dove / Rosttäubchen
Common Moorhen / Teichhuhn
Common Nighthawk / Falken-Nachtschwalbe
Common Screech Owl / Kreischeule
Common Yellowthroat / Weidengelbkehlchen
Crested Caracara / Karakara
Double-crested Cormorant / Ohrenscharbe

Eastern Kingbird / Königstyrann
Eastern Meadowlark / Lerchenstärling
European Starling / Europäischer Star
Fish Crow / Fischkrähe
Glossy Ibis / Braunsichler
Gray Catbird / Katzendrossel
Gray Kingbird / Grautyrann
Great Blue Heron / Kanadareiher
Great Horned Owl / Virginia-Uhu
Greater Flamingo / Flamingo
Hermit Thrush / Einsiedlerdrossel
Hooded Merganser / Kappensäger
House Sparrow / Haussperling
Ivory-billed Woodpecker / Elfenbein-
  specht
Limpkin / Rallenkranich
Little Blue Heron / Blaureiher
Little Green Heron / Mangrovereiher
Loggerhead Shrike / Louisianawürger
Magnificent Frigatebird / Prachtfregatt-
  vogel
Mangrove Cuckoo / Mangrovekuckuck
Marsh Wren / Sumpfzaunkönig
Mockingbird / Spottdrossel
Monk Parakeet / Mönchsittich
Mourning Dove / Carolinataube
Northern Bobwhite / Virginia-Wachtel
Northern Cardinal / Rotkardinal
Northern Flicker / Goldspecht
Osprey / Fischadler
Painted Bunting / Papstfink
Peregrine Falcon / Wanderfalke
Pied-billed Grebe / Bindentaucher
Pileated Woodpecker / Helmspecht
Prothonotary Warbler / Zitronen-
  waldsänger
Purple Gallinule / Purpurhuhn
Purple Martin / Purpurschwalbe
Red-bellied Woodpecker / Carolina-
  specht
Red-cockaded Woodpecker / Kokarden-
  specht
Reddish Egret / Blaufussreiher

Redhead / Rotkopfente
Red-headed Woodpecker / Rotkopf-
  specht
Red-shouldered Hawk / Rotschulter-
  bussard
Red-tailed Hawk / Rotschwanzbussard
Red-winged Blackbird / Rotschulter-
  stärling
Ring-billed Gull / Ringschnabelmöwe
Ring-necked Duck / Halsringente
Roseate Spoonbill / Rosalöffler
Roseate Tern / Rosenseeschwalbe
Royal Tern / Königsseeschwalbe
Ruby-throated Hummingbird / Rubinkehl-
  kolibri
Rufous-sided Towhee / Rötelgrund-
  ammer
Sandhill Crane / Kanadakranich
Scrub Jay / Buschhäher
Seaside Sparrow / Strandammer
Smooth-billed Ani / Glattschnabelani
Snail Kite / Schneckenweihe
Snowy Egret / Schmuckreiher
Sooty Tern / Russeeschwalbe
Summer Tanager / Sommertangare
Swallow-tailed Kite / Schwalben-
  weihe
Tree Swallow / Sumpfschwalbe
Tri-colored Heron / Dreifarbenreiher
Turkey Vulture / Truthahngeier
White Egret / Silberreiher
White Ibis / Weißer Sichler
White-crowned Pigeon / Weissscheitel-
  taube
Whooping Crane / Schreikranich
Wild Turkey / Truthuhn
Willet / Schlammtreter
Wood Duck / Brautente
Wood Stork / Waldstorch
Yellow-billed Cuckoo / Gelbschnabel-
  Kuckuck
Yellow-crowned Night-Heron / Krabben-
  reiher

Säugetiere
Atlantic Bottle-nosed Dolphin / Großer
  Tümmler
Beaver / Kanadischer Biber
Bison / Amerikanischer Bison
Bobcat / Rotluchs
Coyote / Koyote
Eastern Cottontail / Florida-Wald-
  kaninchen
Florida Black Bear / Schwarzbär
Florida Mink / Amerikanischer Nerz
Florida Mouse / Florida-Maus
Florida Panther / Puma
Fox Squirrel / Östliches Fuchs-Eichhörn-
  chen
Gray Bat / Graue Fledermaus
Gray Fox / Graufuchs
Gray Squirrel / Grauhörnchen
Key Deer / Key-Hirsch
Key Largo Bushrat / Key Largo Busch-
  schwanzratte
Key Largo Woodrat / Buschschwanz-
  Ratte
Marsh Rabbit / Sumpfkaninchen
Nine-banded Armadillo / Neunbinden-
  Gürteltier
Nutria / Nutria
Raccoon / Nordamerikanischer Wasch-
  bär
Red Squirrel / Rothörnchen
Red Wolf / Rotwolf
River Otter / Nordamerikanischer
  Fischotter
Sambar Deer / Sambar-Hirsch
Southern Flying Squirrel / Südliches Gleit-
  hörnchen
Spotted Skunk / Geflecktes Stinktier
Striped Skunk / Streifen-Stinktier
Virginia Opossum / Nordopossum
West Indian Manatee / Nagelmanati,
  Seekuh
White-tailed Deer / Weißwedelhirsch
Wild Hog / Wildschwein

Register

Verweise auf Abbildungen in
fetter Schrift, auf Essays *kursiv*

Tier- und Pflanzennamen

Bildnachweis

U. Anders: 2/3, 34o, 85Ml, 99M

BF Natur & Medien/Bittmann: 28, 79M, 100r

BF Natur & Medien/Göthel: 27 (alle)

T. Grüner: 48, 81, 82, 85Mr, 88o, 88M, 91ur, 93u, 94o

M. Kasparek: 99o

F. Kögel: 19, 32, 33, 34/35, 40, 69, 105o, 107Ml, 110

R. König: 96l, 98, 101r, 103u, 105u, 107or,108M, 109o, 109u

A. Kostrzewa: 39

A. Limbrunner: 8, 85ul, 91or, 94u
S. Osolinski: 102or

E. Pott: 15, 41, 43, 46, 52, 77, 78o, 79u, 80o, 80u, 87o, 91ol, 91Mr

G. Rehfeldt: 1, 10, 12, 14, 17, 18, 20, 21, 22, 23, 24, 25, 26, 29, 30l, 30r, 37, 42, 44, 45, 47, 50, 53, 54, 55, 56, 57, 59, 60, 61, 64, 65o, 65u, 66, 68, 71, 72, 73, 74, 75 78M, 78u, 79o, 83o, 83u, 84M, 85ur, 86, 88u, 89, 96r, 99u, 101l, 102ol, 102u, 103o, 104, 105M, 106, 107ol, 107ul, 107Mr, 107ur, 108o, 108u, 112

H. Schulz: 84o, 84u, 85or, 91Ml, 93o, 97, 100l

W. Wisniewski: 85ol, 87M, 87u, 91ul, 92, 94M

Umschlagfotos: A. Handel (Sumpfzypressen im Wakulla Springs State Park);
G. Rehfeldt (Vegetation im Corkscrew Swamp);
H. Schulz (Dreifarbenreiher)

Foto S. 1: Stiff-leaved Wildpine, ein Epiphyt

Foto S. 2/3: Sägegrasprärie im Everglades-Nationalpark

Autor:

Dr. Gunnar Rehfeldt ist Biologe und Privatdozent am Zoologischen Institut der Technischen Universität Braunschweig. Im Rahmen wissenschaftlicher Untersuchungen und auf zahlreichen, teils mehrmonatigen Reisen hat er Florida seit 15 Jahren regelmäßig besucht und alle Landesteile umfassend kennengelernt.

Die Deutsche Bibliothek – CIP-Einheitsaufnahme

Reiseführer Natur Florida
Dr. Gunnar Rehfeldt – München; Wien; Zürich: BLV, 1999 (Reiseführer Natur)
ISBN 3-405-15520-7

Die Zusammenstellung der praktischen Reiseinformationen und die Beschreibung der Touren in diesem Führer erfolgten mit größtmöglicher Sorgfalt und mit Rücksicht auf die Natur. Bitte verhalten auch Sie sich entsprechend und beachten Sie im Interesse Ihrer eigenen Sicherheit die Hinweise des Autors, z. B. zu gefährlichen Wegstrecken. Ob eine Route gefährlich ist, hängt neben den Wetterverhältnissen auch von der persönlichen Konstitution des Wanderers ab. Befragen Sie im Zweifelsfall vor einer Reise Ihren Hausarzt.
Bitte haben Sie Verständnis dafür, daß sich nach Erscheinen des Buches Wegführungen, Anschriften oder Telefonnummern ändern können. Korrekturhinweise werden Autor und Verlag gerne aufgreifen:

BLV Verlagsgesellschaft mbH, Postfach 40 03 20, 80703 München

BLV Verlagsgesellschaft mbH
München Wien Zürich
80797 München

Umschlaggestaltung: Sander & Krause, München
Karten: Christian Rolle, Holzkirchen
Redaktionelle Mitarbeit: Dr. Einhard Bezzel, Prof. Dr. Josef H. Reichholf
Lektorat: Dr. Friedrich Kögel
Layout: Volker Fehrenbach, München
Herstellung: Hermann Maxant
Satz: Grafisches Büro V. Fehrenbach, München
Reproduktionen: Typework, Augsburg
Druck und Bindung: Offizin Andersen Nexö, Zwenkau

Printed in Germany · ISBN 3-405-15520-7